没有市场失灵这回事

谢作诗 著

中国发展出版社
CHINA DEVELOPMENT PRESS

图书在版编目（CIP）数据

没有市场失灵这回事 / 谢作诗著. —北京：中国发展出版社，2016.11

ISBN 978-7-5177-0591-8

Ⅰ. ①没… Ⅱ. ①谢… Ⅲ. ①经济学—通俗读物 Ⅳ. ①F0-49

中国版本图书馆CIP数据核字（2016）第254279号

书　　　名： 没有市场失灵这回事
著作责任者： 谢作诗
出 版 发 行： 中国发展出版社
（北京市西城区百万庄大街16号8层　100037）
标 准 书 号： ISBN 978-7-5177-0591-8
经　销　者： 各地新华书店
印　刷　者： 三河市东方印刷有限公司
开　　　本： 720mm × 960mm　1/16
印　　　张： 17.5
字　　　数： 240千字
版　　　次： 2016年11月第1版
印　　　次： 2016年11月第1次印刷
定　　　价： 45.00元

联 系 电 话：（010）68990535　68990692
购 书 热 线：（010）68990682　68990686
网 络 订 购： http://zgfzcbs. tmall. com//
网 购 电 话：（010）88333349　68990639
本 社 网 址： http://www.develpress. com. cn
电 子 邮 件： 179788905@qq.com

聂圣哲 序

学问是为社会进步服务的

《没有市场失灵这回事》收录了谢作诗教授这些年对中国经济现象、特别是市场“怪象”的随笔、简评，文章言简意赅，把似乎毫不相关的经济现象的相关性寻找出来，使得有些困惑我们很久的问题迎刃而解，有些短评的阅读体验简直可以用醍醐灌顶来形容。

“没有市场失灵这回事”被作为本书的书名，看得出作者的忧虑，更体现出作者的社会责任感。当下中国经济之乱象，使得普通百姓开始怀疑起市场经济来，一些别有用心的人甚至公开指责市场经济。“都是市场经济惹的祸”甚至成为一种时髦论调。读完谢作诗教授的《没有市场失灵这回事》，你不仅能明白当下许多问题的症结之所在，更能明白，没有市场失灵这回事！现在，所有的问题都出在支撑市场经济这个平台的各个要素上，如法治、诚信、私有产权不可侵犯、对偷盗的零容忍……或许，也包括文化的更新与文明的宗教信仰的建立。再好的平台，如果支撑物出了问题，这个平台也不可能稳固。所以说，市场不可能失灵，除非是支撑市场的支撑物出了大问题。

细读《没有市场失灵这回事》，你会发现书里几乎每一篇短文都可以按照当下流行的“学术”范式，“洋洋洒洒”写出万字以上的论文，在国内外著名学术杂志上发表，放入图书馆，收入目录，被他人写“学术”论文时不停地引用。这样既可以在日益八股化的学术领域不断攀升地位，

聂圣哲（1965～），安徽休宁人，长江平民教育基金会主席，德胜洋楼有限公司总监，创立“德胜管理体系”。任同济大学、哈工大、上戏等校特聘及兼职教授。

又能得到各种奖赏和回报。如果这样，那真是一种悲哀。不幸的是，这种悲哀每天在成千上万的学者身上发生；而幸运的是，谢作诗教授没有这样做。他所做的学问符合人文关怀的第一原则：尽可能让更多的人明白文中含义，尽最大努力让读者花最少的时间去透彻理解叙述的内容。谢作诗教授这样做，回归了学术的本质——学问是为社会进步服务的。

实际上，认识谢作诗教授这么多年来，我一直在观察他做学问的动态。他学术研究的独特切入点，总是逼近实际的分析、解决问题的方法，给我留下了极其深刻的印象。谢作诗作为一位经济学家，在我心中的形象已经基本定型：他是一位纯粹的、不受世俗污染的学者，具有极强的独立思考能力，对社会经济现象，甚至社会上的一切现象极为敏感。有许多貌似和经济学“无关”的事情，他都试图找出经济学的根源。令人佩服的是，大部分情况下都被他找出来了，他甚至给出了很有说服力的解决问题的方案。

谢作诗教授是一位善良、诚恳、有着扎实经济学基础的学者。他对所有读者都由衷的尊重——从不装神弄鬼，而是用尽量简短浅白的语言，来表达深奥的道理。并且，他深深懂得，行文一旦冗长就会使人厌倦——仔细阅读他的文章，你会觉得文中多一个字他都不愿意。这些，都彰显出谢作诗作为一位人文经济学家的本分。

坦诚地讲，我也从本书学到了很多知识，明白了不少以前没有想通的道理。值得一提的是，谢作诗不仅学问到位，而且语言文字驾轻就熟，有时娓娓道来，有时极其幽默，让人捧腹不已。该书不仅可以作为经济学者的参考著作，也可以作为大众读物。由于我在管理领域有一定的阅历，所以我要特别指出，作为政府和企业管理者，如果能够通读本书，对修正某些固化的观念、厘清新时代的管理思路也是大有裨益的。

没有市场失灵这回事——这是接近于真理的论述！

聂圣哲

2016年2月17日

于姑苏城外改华堂

刘轩华 序

|“私有确权”是人类最智慧、最道德的制度设计|

真正的经济学家，首先必须是不依附任何机构、不讨好任何人（包括权贵和民众）的人格独立的人。在当今中国，谢作诗教授就是人格独立又掌握经济学精髓的为数很少的几位学者之一。他大胆发表自己经济学领域的研究成果，在与他的多次交流与讨论中，我发现他的生命中似乎有一个坚定的目标：即“用经济学的原理来探寻社会真理，唤醒更多的人创造财富，远离恐怖、暴力与掠夺，最终得到社会的认同”。这也许是他的自利，但他的这种自利是伟大的，这也正是许多人十分尊敬他的原因。

本书的一个重要特点是，作者用经济学原理解释日常生活中的每一件事情，用每一件事情来说明经济学的基本逻辑，每一篇文章都通俗易懂，而又见解深刻，看完后让人有豁然开朗、醍醐灌顶之感。对许多不了解经济学的人来说，本书无疑是一部难得的经济学通俗读物。

譬如，他用自己随性的西湖闲游所见所闻，来说明有闲阶层和富有阶层在这个社会存在的必要与美好；他认为美女就该嫁“富豪”，让美女选择“穷光蛋”才不道德。人性是自利的，当然这种自利的基础是以不损

刘轩华（1970～），湖南邵阳武岗市人。江南财富投资集团董事局主席兼总裁，天瑞华商（基金）全国联盟主席，“圆道”理论创始人。

害他人利益为前提。在这个前提下，每个人都应该有自由选择的权利，这种权利是与生俱来的，任何人都不应该去指责和干涉。美国的俄裔作家安·兰德（Ayn Rand）说过："理性的自利就是美德。"

有人说中国的经济学家预测的经济形势基本上都与事实截然相反，这只能说明这些经济学家是掺了水分的，他们并不是真正的独立学者。谢作诗教授则不然，他对经济的预测，准确性是令人吃惊的，譬如，这次他对中国股市走势的分析就非常准确："120万亿的M2，缺钱吗？不缺！房价涨，股市可能缺钱；房价不涨了，股市怎么可能缺钱呢？房价不涨，只要不是崩盘，对股市就是利好。120万亿，什么股市不能托起来？股市缺的是题材，缺的是好制度，缺的是信心。只要改革能稳步推进，那么股市向好的趋势就可以基本确立。"（摘自2014年7月"股市的春天正在悄然到来"一文）到2015年4月17日，中国的上证指数已经飙升到4287.3点了。这只是他精准分析的一个例子。这些当然得益于他的经济学功底，但我认为最重要的还是他独立的人格、自由的思想和正确的价值观使然。

路德维希·冯·米塞斯（Ludwig von Mises）说：观念、观念，只有观念可以照亮黑暗。我们建立了一个中国企业家研究中心微信群，群中我们讨论最多的是用经济学的思维去分析与思考现实中存在的各种问题，这个群里有不少国内知名的学者与企业家，在讨论中经常为了某一个问题争论不休。譬如关于邓小平的"猫论"（不管白猫黑猫，抓到老鼠就是好猫），有人认为目前中国信仰迷失、权金交易是因为"猫论"的误导、是市场经济惹的祸，因为只要有钱就是"大爷"，不分坏人好人了；也有人认为邓小平的"猫论"是非常正确的，这个理论在当时的环境下，告诫人们不要再去争论姓资姓社，要把精力放到财富创造、经济建设上来，即"以经济建设为中心"，多劳多得，从而为中国改革开放找到了理论支持。

不难看出，这是两种价值观、两种知识体系的冲撞。前者基于《资本论》和《辩证唯物主义》，认为阶级总是存在，财富总量不变，不是东风压倒西风，就是西风压倒东风，必须实行无产阶级专政，才能消灭剥削，才会有一个平等的世界。后者基于自由市场经济理论，认为中国目前信仰的丢失、对权钱的膜拜，并不是中国实行市场经济的错，而是市场化不彻底的错，是中国人普遍法治意识淡薄的错。他们认为只要人身是自由的，就不存在剥削，通过分工和专业化，财富会爆发式增长，大家会共同富裕，不存在此消彼长的问题。

谢作诗教授在本书中重点谈到了“市场经济本质上是契约经济，法治的地位因此被提到前所未有的高度”。这也恰恰说明了，不是邓小平的“猫论”，而是市场经济需要的法治秩序的缺失，让中国人好坏不分、信仰迷失。

市场与法治的基础，是私权的确立。如果个人财产不能确权，市场与法治只能吊在半空中，无法落地，也就不是真正的市场经济。我曾在中国企业家研究中心2群，看到吴晓波先生发的《经济探底下的总理自信》一文，其中提到了他给总理提出的一条建议：优化扶持政策，政府资金与风险投资融合。这是一个很好的主意，因为原来政府的扶持资金，基本上是领导签字批给那些整天围着自己讨好自己的圈内人的。既然这些公司可以轻松地得到这笔资金，为什么还要付出巨大努力去冒险、研发好产品讨好消费者？如果政府资金与民间资金融合，就会有利于政府搭民间资金的便车，因为民间资本是人家身家性命的投入，当事人一定会认真调研，审慎决择，绝不会轻易出手的。这个主意实际上属于PPP制（Public–Private-Partnership）的一种。

2015年以来，中国在推行PPP制，这本来是市场化的一个很好的模式，但许多地方政府在实施过程中走了样。原因是官员与民营企业主对市场的理解不一样，他们认为市场必须听政府的才行。2014年有一个案例：某省政府部门有一笔创业投资基金，按国家部委文件规定，必须由民间资本主导，市场化运作，但双方在讨论董事长、董事会席位、投资决策委员会的投决机制时，政府却提出来董事长必须由政府委派，五个董事席位政府要占三个，七个投资决策委员会政府要控制四个。总经理可以由民间资本提名，但财务、副总以上人员必须由董事会任命。政府方认为总经理让民间资本派人担任这就是市场化了，他们认为自己的市场化意识已经非常强了。其实，这哪里是市场化，骨子里还是政府控制的PPP制。结果可想而知，一定是失败，给人的感觉是国务院提出的PPP制不可实施，市场化是行不通的。

问题出在哪里了？出在没有真正理解市场的理念上。想一想，如果董事会、投决会都是由一批自己没有投资、没有市场实践经验的国有资本代理人来决策，他们做出的决策能符合市场需求吗？他们能承担什么责任？一旦决策失误，买单的是民间资本与国有资本。如果要其承担责任，他们还可能利用手中的权力来让民间资本背黑锅。这怎么可能是真正的市场化运作呢？

私权与公权的博弈还在旧的理念下延续，这种博弈也许还会持续很长时间。我想，谢作诗教授通过本书所表达的，就是希望老百姓的基本权利能得到保障，不受侵犯，让万物以自由求发展。

刘轩华

2015年4月26日

自序

只有市场缺失，没有市场失灵

柴静的雾霾调查片引发了公众对于环境保护的极大关注。我就借这股东风，谈一谈环保及其相关的市场失灵话题。

市场既有效率又让人人都满意

滥施化肥，是破坏环境；滥伐树木，是破坏环境；滥排污水、烟尘，也是破坏环境。可是，完全不施用化肥，不砍伐树木，不排放污物，虽然对环境没有破坏，但也意味着没有生产，人类也就无法生存。人都没有了，再好的环境又有什么意义呢？

这就引出如下重要的问题："滥"的标准是什么？人们为什么会在那么多领域犯"滥"呢？

假如土地私有，那么你不会过度使用化肥，以致损害了土地的肥力；假如山坡私有，你不会过度砍伐，以致山坡的价值受到损害。在使用资源的过程中，只要使用资源所带来的价值，大于对资源所造成的损耗，那么就不是滥用。反过来，因为化肥使用不足、砍伐树木不够、排污受到过度限制，从而减少了资源的总价值，这其实也是滥用，是另一种形式的滥用。

"滥"与"适度"如何评价呢？农民在自留地里多用农家肥，在包产田里则多用化肥；在自留坡上辛勤栽树，却在集体的坡上大肆砍伐。农民在包产地里所施的超过自留地的化肥量，就是滥施的化肥，在集体坡上砍伐的超过自留坡的木材量，就是滥伐的树木。这也告诉我们，造成滥施化肥、滥砍树木的原因，是产权没有被界定为私有。

只需把产权清晰界定给个人，至于界定给谁无关紧要。通过市场交易，资源最终会落到最有价值的用途上。餐厅是我的，我不吸烟，而你却烟瘾难耐，只要给我称心的补偿，我就会让你吸烟。反过来，餐厅属于烟鬼，如果我对空气的评价更高，那么我可以出价把空气的使用权买过来，不让他吸烟。两种产权状态，烟雾的产生量有差异吗？完全没有。

由于卖出权利的一方得到了称心的补偿，而支付补偿金的一方也是自愿的，因此每个人都是满意的。基于市场和市价的交易不仅有效率，并且能让各方一致满意。

环保历来被当做是市场失灵的例证，然而实际情况并非如此。环保的困难，不是因为市场失灵，而是因为市场缺失。市场有前提，即产权要清晰界定给个人。不能把产权没有清晰界定给个人产生的问题，归结为市场失灵。滥施化肥、滥砍树木等所谓的环保问题，其实是没有把产权清晰界定给个人导致的后果。

但是界定产权有成本，在有些情况下成本还高不可及，因而可能无法把产权清晰界定给个人。我们没有办法在空中做一面高墙，以阻止烟尘飘向他人的领地；我们也没有办法在河里建设堤坝，以阻止污水流向下游。这种情况下，环保就真的成为问题了。但这亦不是市场失灵，是没有市场发挥作用。

在没有市场发挥作用的情况下，排放多少才是合理的，才不是滥排滥放呢？

对于不同的人，答案显然不一样。喜欢户外活动的人可能宁愿少一点GDP，也要清洁一些的空气，而宅男宅女可能正好相反；河岸边的人会选择要清澈的河水，但是远离河流的人可能会选择要GDP。那么谁来决定排放的数量？

同样的人群，选择不一样的决策机制，答案也会不同。一种办法是全体人民投票决定，但这个办法费用实在不菲。替代的办法是由全体人民选择政府，由政府来决定排放数量。放任不管，任由企业和个人随意排放，也是一种选择。极端地说，抓阄决定也是一种选择。决策机制不同，排放水平显然是不同的。那么应该选择什么样的决策机制呢？

可惜经济学并不能回答这些问题。经济分析既不偏重、也不反对改善环境。经济学既不断定哪部分人的意见更重要，也不断定哪种决策机制应该被采纳。然而经济学可以告诉我们，稀缺性和替代选择无处不在，即在给定的技术条件下，环境好一些，就要减少一点产出，或者多支付一点费用，反之亦然。当然这种替代并非总是简单的此消彼长关系。经济学还能告诉我们，只有在市场决策的情况下，才能既反映环境保护的代价，又让每一个人满意。

或许，你会质疑市场决策对穷人不公平。其实这种说法一点道理都没有。市场给你自由，你可以创造财富，但是不能要求财产平等。经济学还能告诉我们，追求财产平等，那么就不能有自由，人权也不能平等，最终财产权在事实上也不可能平等。这样转一圈回来，我们会发现，其实只有市场对穷人才是最公平的。

这就是为什么只要有可能，就应该选用市场决策的道理。这也是市场化改革大幅提高人民生活水平和幸福指数的原因。如大家所见，但凡实行市场经济的国家，其人民生活水平和幸福指数无一例外都高。

市场虽好，却也昂贵。市场不仅需要产权有清晰的界定（而这需要不菲的成本），而且还要求谈判、签订协议等交易费用不能太高。这就是为什么很多时候我们不得不使用非市场决策的原因。

市场可能缺失，但是只要它存在，就一定最有效率、最公平。市场决不可能失灵。

环境保护的困难

如果能够使用市场，环保问题也要尽可能用市场来解决。这就是我们大力提倡排污权交易的原因。事实上，美国一些地区已经实行购买排污权的措施，比如企业必须付费，才能释放硫化物。这样做的好处是能够反映污染和环境保护的代价。不至于因为环保而牺牲有价值的经济物品的生产，也不会因为生产不值钱的产品而牺牲环境。如果一种产品其价值极高，但生产时会产生大量污染，那么厂家可以向生产低价值产品的人购买排污指标。那些生产低价值产品的厂商，就会选择停产或少生产，而把排污指标卖给前者。污染物不是经济物品，并非人们对它没有需求就没有市场交易。只要产权界定清楚，交易一样会发生。

能够用市场解决的都不是公共问题。无法完全用市场解决的，多少都有公共决策的性质。

可以引进排污权交易，但排污总数量无法用市场来决定。因此环保问题多少都要涉及非市场的公共决策。但是没有市场来发挥作用，该如何确定污染的代价呢？

可不可以借助科学来计算污染的代价？

以雾霾为例。按照米歇尔·C.特纳（Michelle C. Turner）等人的研究，每增加10微克/立方米的PM2.5浓度，会导致肺癌死亡率上升15%~27%。按照这个算法，仅大气污染一项，就导致中国的肺癌死亡率比欧美高出300%以上。但在实际情况中，中国的肺癌死亡率虽然略高，却远未达到如此夸张的程度。这说明，雾霾与肺癌的关系并不是那么容易计算。

雾霾的危害到底有多大，这在科学界并没有定论，现有的条件也无法给出确定的答案。

正如有人所指出的，就PM2.5的浓度而言，云南是全国环境第二好的地方，而北京则是倒数第二。然而，北京和云南的人均寿命却恰好倒了个个儿：北京全国第二长寿，平均寿命80.18岁；云南则倒数第二，平均寿命只有69.54岁。这就是经济发展、医疗资源增长带来的好处，它抵消了环境带来的危害。

经济发展水平对于健康的影响要远远超出雾霾。经济不发达的省份，哪怕再环保，其平均寿命也要比污染大省低。在中国，东部省份平均每个人能比西部多活十几岁。事实上，如果做回归分析的话，各省的PM2.5浓度和人均寿命可能是正相关的，也就是PM2.5越高的地方，人均寿命可能反而越长。这并不是说PM2.5对健康有好处，而是说在污染高的地方，往往经济也比较发达，发达的经济对人们健康的补偿要大于污染带来的损害。因为人们有条件定期体检，及时治疗疾病，并能接受更好的医疗服务。

更复杂的在于，经济发展与环境保护之间可能不是简单的替代关系。计划经济的时候，生活水平比现在低很多，然而我们不得不闻刺鼻的煤烟味，因为只能低效率地散烧煤炭。工业化、城市化不仅提高效率，而且还因为是规模经济，可以集约化治理环境。再者，成本收益的计算要考虑到各地、各人，从整体的角度来考察。这个地方生产钢铁水泥产生污染了，别的地方土路变水泥路，扬尘大幅减少了；城市的污染增加了，然而农村山青水绿了。这些代价与收益，并不能科学地算出来，否则计划经济就是可行的。

然而真正的问题还不在于很难计算雾霾的代价。就算能够科学清楚地计算出雾霾的代价，人们的主观评价也可能大相径庭。

公共决策的存在是因为产权不能完全界定为私有，它还存在外部性。多数时候不得不赋予政府或某个委员会权力，委托其做决策。然而权力同样存在外部性，甚至可能更严重、更加不容易纠正。没有理想的公共决策机制。环保问题比较可行的办法可能是大多数人满意原则。这并不是说大多数人满意就最优，而是这个原则比较可行。当然实际的决策机制选择，很大程度上依赖于一个国家的基本政治经济制度。

但即使是全民投票，也不可能让每个人都满意，因为投票行为同样存在外部性。

这就是公共决策的困境：其结果既不能完全反映代价，也不能让各方一致满意。公共决策只能是用一种有外部性的行为去纠正另一种外部性。正因为如此，普通的商务谈判容易达成共识，但是关于环境、大气的谈判就很不容易。

因为公共决策存在上述困难，没有标准答案，所以面对公共话题我们就要多一些包容。

中国的问题

环境保护与经济发展，的确不容易做取舍抉择。但是如果有这样一个地方，改善环境不但不影响经济发展，反而还有利于经济发展，那么就没有理由不支持吧？

不看柴静的调查片，我不知道凌晨的污染比白天高峰时还要严重。其原因居然是夜间向城市运送物资的柴油大卡车没有任何减排设施。这些车每辆的排放量是达标车的500倍，三万辆车进城，相当于几百万辆车夜里在不停地开。交通部门说：车是新买的，还贴了环保部门的合格标识；况且物资保障车不允许处罚。车主说：咱也不懂这个，咱只是个买车的，买的是贴了国家合格证的车。车企说：别人造假，我不造假就活不了；如果严格执法，抓那些造假的，我保证第二天就生产真的。环保部门说：大面积造假，或者说全面造假，在这个行业不是秘密；我们连嘴都不好意思张，怕别人看到自己没有牙齿。

《交通安全管理条例》写明只有危及生命财产安全的缺陷车辆，才召回或者销毁。没有排放设施跟生命财产安全有什么关系？所以没有召回的依据。《大气污染防治法》规定可以销毁或者强制罚款，但法律制定十几年来，从来没有被使用过。因为法律规定必须由“依法行使监督管理权的部门执法”，却又没有写明执法主体。环保部说：听说不是我。工信部说：绝对不是我。质检总局说：应该是我们三个吧。全国人大说：这条法律执法主体确实不明，当初立法的时候，很多部门反对，法律通不过，所以只能是这样一个模糊的说法。滑稽不？！

车企还说：我们国四的标准早就已经确定，但是国四的油品迟迟不供，供上来的品质也不高。国内最好的柴油，其污染物排放量是美国、欧盟、日本的25倍。汽油标准则长期比发达国家低两到三个等级，而提高一个等级就可以减少10%的排放。那么为什么不把油的质量弄高一些呢？因为国家标准本来就不高啊！企业都是逐利的，没有理由要求企业超越国家标准供给更好的油品吧！为什么不把标准定得高一些呢？原来制定标准的是石化行业的人。而分歧则在钱上，环保部门说国三升国四一升涨7分就够了，石化部门说得涨5毛。发改委、财政部也抱怨：人家是副部级单位，谁买你的账啊。人家涨价报告上来，不涨就断供了啊。

不可否认，经济发展与环境保护有替代关系，但是没有任何减排设施，肯定有些过分！

也不可否认，简单向发达国家高标准看齐未必就好，但让行业内的人自己制定标准也不对吧！

那个中石化前总工程师、石油标准委员会主任，口口声声说，标准不能由不懂炼油企业的人来制定。对于为什么不提高油品标准来倒逼油品升级的问题，人家的回答是：若升了，因为断供引起社会不稳定，谁来负责？再问：把油品市场彻底放开，这样不就不存在断供的问题了吗？人家答：弄不好就出大事，不是阿猫阿狗都能做油品的。可是，发达国家油品放开怎么就没有出大事？难道你们的油品比阿猫阿狗做的好？

退一步讲，我们不去与发达国家比油品质量。我们也不问，纽约、东京人口密度比我们大，人均车辆拥有量比我们高，为什么他们的空气质量比我们好。我们只问，能不能让我们以发达国家的低价格用上我们国家的低品质油呢？千万不要说，我们是发展中国家，还做不到哟。炼油技术是可贸易商品。可贸易商品满足一价定律，即不考虑运输费用、关税等壁垒，那么同一商品在世界不同地方以同一种货币标价，价格是一样的。在同样的技术条件下，我们的油品质量比发达国家差，价格则比其高，这是否需要反思？

诚然，只是放开准入，让市场竞争，未必就能解决油品的问题。这不仅需要有好的环保标准，还要有对执法的有效监督与约束。绝不是简单赋予环保部门执法权的问题。过度排放可能是环保部门被贿赂收买了，也可能是书记、市长为了保经济而限制环保部门执法了，这都是权力过大、不受监督约束的问题。权力得不到有效监督和约束，那么赋予政府权力，不但不能解决环保问题，而且还可能扼杀经济。环保问题之难，难在其外部性，然而世界上最大的、最难消除的外部性，不是别的，是权力。

河北是钢铁大省，也是燃煤最厉害的地区。一吨钢铁只赚一个鸡蛋的钱，政府居然还大规模补贴，并且继续将钢铁作为支柱产业。调查片说，有个企业政府每两年补贴其20亿元。政府和企业的理由冠冕堂皇：十几万人的就业是大问题；城市化还会继续，只要城市化继续，这些产能就会被消化。

对于第一个理由，我想问，补贴的钱从哪里来？你政府不会屙钱吧，你不补贴这个亏损企业10亿元，就不用每年对别的好企业征收10亿元的税，那个好企业会扩大生产，这不仅能够更好地产生经济效益，还能更好地解决就业，并且可以减少污染。

而更让人觉得好笑的是，这个钢铁企业拿到了政府的补贴后，竟然进一步建新厂扩大生产。

中国为什么产能过剩？不是因为政府规划不够好、管制不够得力，而是因为产权公有、政府过度干预经济。官员和国企高管花的是别人的钱，花别人的钱总是多多益善。政府和国有企业不搞投资，钱怎么落到官员和国企高管的口袋中？所以，又要国有企业，又要政府干预，又不要污染，这怎么可能？

中国需要深化改革，在不影响生产的前提下把电价、气价降下来，让人们少烧散煤。

雾霾还可能与老百姓的不当诉求有关系。提高质量或者减少污染会增加成本。如果价格受到管制，那么企业就只能降低品质、偷偷排放，或者关门大吉。所以我们大家也要反思，是不是我们一方面期望高品质和低污染，另一方面又要求政府出面管制价格了。照理来说，因为垄断，“两桶油”反而具有通过涨价弥补成本来确保油品质量的条件，但是成品油价格是受到管制的，那么就没有这种可能了。当然我没有说，放开成品油价格管制，油品质量就一定改善。我也必须指出，价格管制未必一定是老百姓的需求，政府有关部门才是最大需求者。

已经不需要论证经济发展与环境保护之间并非简单替代关系的逻辑了。在1960年至1970年英国治污的这十年，其经济不但没有倒退，GDP反而增加了一倍。他们用事实证明了经济发展与环境改善可以同步进行。对于中国来说，绝非雾霾多一点经济就一定好一些。事实上，减少一点过剩的产能，雾霾一定会减少一点，而少制造过剩产能肯定对经济是有利的。

简单的总结

环境保护的一般困难，任何国家都要面对，而且确实不容易找到满意的答案。但是中国有其特殊性。

环保首先是产权的问题。如果山林是私有财产，那么你不会把树木砍了去做方便筷，而会像日本人一样保留自己的林地从国外进口木材。假如土地私有，那么你使用化肥的时候就要掂量掂量，看它会不会伤害土地的长期肥力。如果企业私有，就不会有今天中国严重的产能过剩。这样至少可以在一定程度上减少雾霾。

环保也在于政府的过度干预和我们的不当诉求。如果政府不对那些亏损的能耗企业提供补贴，那么雾霾也会大幅减少。如果政府放弃价格管制，放开准入，允许任何人炼油、卖油，那么在竞争压力下，油品的质量就会大幅提高，雾霾问题也可以在很大程度上得到解决。很多情况，不是加强政府管制的问题，而是政府本身就是问题。然而我们不能不反思，很多管制确实又是我们自己有意无意“求仁得仁”的结果。

环保还在于法治。如果标准和法规制定不被利益集团绑架，并且能够得到严格执行，那么雾霾也会减轻。

产权私有、打破行政垄断、限制政府过多干预经济、推行法治，这正是市场化。市场要么正确地发挥作用，要么不存在。只有政府失灵，从来就没有市场失灵。市场化、工业化、城市化才是经济发展、环境保护最有力、最持续的保障。

由于环境保护存在外部性，市场可能会缺失。这就需要政府发挥其必要的作用。但现在不是简单加强管制的问题，而是需要认真思考，权利怎么界定，权力怎么授予，谁来授予，怎样实施管制，又该怎样监督、约束权力。并非无政府主义，但是怎样让政府不越位，做好其该做的事，的确不容易。这正是我们的改革大业下一步要着力解决的重大问题。

谢作诗

2015年3月19日

前　言

我们在谬误中穿行得太久，以致对它们熟视无睹。然而，当哪天沉静下来稍加思考，就会感到许多一直被奉为“真理”的理论，简直错得可笑。

比如认为：市场可以解决效率问题，但是不能解决公平问题；计划经济没有问题食品和腐败，市场经济问题食品泛滥，贪污腐败盛行；资源环境不能承受人口增长之重，市场经济也需计划生育；中国的经济成功是人口红利和低劳动成本的成功，劳动成本上升不利于经济增长；吃饭问题是土地、粮食问题，而不是收入问题；土地兼并会产生流民问题，导致社会不稳定；股市是经济的“晴雨表”，经济不好，股市也一定不好；没有买卖就没有杀害，自由买卖导致稀有动物濒临灭绝，等等。

又如认为：“三从四德”是歧视妇女；真爱就不需要彩礼和大钻戒；多生孩子与多养羊不是一回事；饭店年夜饭限时、设置最低消费等是霸王条款；做好事不应该留名追求物质回报；不改革土地产权而能调整中国经济结构；贸易顺差是在补贴外国；民主能够反腐败；政府管制能够实现其宣称的目标；宏观调控可以烫平经济周期；价格下降便是通缩不利经济增长；“钱荒”和高利率是因为缺钱；产权不明晰国家可以富有；产权不清晰、法治没保障而产业能够高级化；公立大学可以培养满足社会需要的人才；不改革户籍、土地制度而可以解决三农问题，等等。

不一一列举了，否则这前言还不得洋洋洒洒几万字。本书就是要澄清这种种谬误。

十多年来，我写了三百多篇经济随笔，考虑到出书不赚钱，所以一直不曾整理出版。去年，在东方出版社李治华先生的督促和帮助下，出版了第一本随笔集《人人都是“资本家”》。目前看，市场反应还不错。我是个市场派，既然市场鼓励，那我就结集出版第二本随笔集。

收录在这个集子中的文章，主要是近几年写的，但也有少数几篇是多年前、甚至十多年前写的。在一些细节上，无疑我的认识会有变化，因此我做了修订。为了方便读者朋友们读书的时候与当时的时代背景相联系，我在文后都注明了文章的原始发表日期。

我的文章主体上是讴歌私有产权和市场经济的。市场不只是经济生活，市场就是一切！没有私有产权、没有市场经济，就没有自由、法治和民主，也没有平等、友爱与文明。没有私有产权和市场经济，甚至女人都不会性感。这就是韩国女人比朝鲜女人漂亮迷人的原因。

有几篇文章是与他人合作完成的：《师范生免费教育已不可取》系与李善杰合作完成；《顾客散布不满意的行为逻辑》系与陈凤贵合作完成；《大学的产权性质与大学生就业难》系与杨克瑞合作完成；《剩余劳动力判断与土地流转的迫切性》系与杨宝彦合作完成；《高增长国家的成功经验或许被夸大了》《中国工业化、城市化之路须转型》《人民币内贬外升的原因与含义》系与张原浩合作完成；《吃饭问题是收入问题，不是土地、粮食问题》《政策松而后紧必大幅提高利率》系与王亚男合作完成。谢谢他们同意文章收入本集。

文章是我的女儿，我自己喜欢，也希望读者朋友能喜欢。我希望她有个好的归宿，这个归宿就是有更多的读者。质疑而不盲从，思辨更近真相。我也真诚欢迎朋友们讨论、指正！

2015年3月16日

目　　录

管制和宏观调控的海市蜃楼 ≫ 189

经济学的海阔天空 ≫ 217

市场的无边魔力

市场不仅能够有效解决效率问题，也能有效解决公平问题。

市场决策既反映代价，又让所有各方一致满意。

哪里有商业，那里就有美德。市场不仅不会导致道德沦丧，反而在恢复道德。

市场在减少而不是增加腐败。即使稀有动物保护，市场交易也是最有力的保护工具，所谓“没有买卖就没有杀害”，其实是一句误人的蠢话。

市场不只是经济生活，市场就是一切。

没有私有产权、市场经济，就没有自由、法治和民主，也没有平等、友爱与文明。

为交易而生产才是市场经济

并非有交易就是市场经济，为交易而生产才是市场经济，至少才能叫现代市场经济。

所以，中国自古就是市场经济的说法可能有待斟酌。传统农业社会有交易，但那时的交易更多是为了调剂余缺，交易本身还没有成为生产的目的。

不是为交易而进行的生产，分工和专业化不可能大范围发生。这样的经济不仅生产率低下，而且因为规模报酬不变甚至递减，一般来说你挣得多，我便挣得少，容易产生仇富心理。

为交易而生产，分工和专业化便大范围发生，生产率于是大幅提高。

公元元年，世界人口2亿，人均寿命25岁；到公元1800年，人口10亿，人均寿命27岁；今天人口70亿，人均寿命70岁。人口数量和人均寿命两千年没有大变化，而在近两百年巨幅增长，正是生产率在公元1800年前一直没有显著变化，而后才大幅提高的外在表现。

生产率提高被认为是工业革命的结果。为什么工业革命能使生产率提高呢？正是因为分工和专业化的缘故。可是大家忽略了，分工、专业化与为交易而生产是一个铜钱的两面：分工和专业化意味着一定是为交易而生产；反过来，为交易而生产，不分工和专业化也不行。

为交易而生产，经济就从规模报酬不变甚至递减，变成规模报酬递增。又由于交易是基于双方自愿，交易的结果一定是双方都受益，因此在这样的社会中，你挣的越多，我挣的也会越多，你越富有，越是有利于他人致富，对社会的贡献也就越大，社会上仇富的心理也会随之改变。这正是比尔·盖茨、巴菲特这些世界富豪们反而受到人们尊敬的原因。

为交易而生产，相比斗争，合作更显重要。交易关系中的双方，不是没有矛盾，但因为彼此依赖，互相需要，解决矛盾的办法不再是战争、抢夺，而是谈判、相互妥协。所以我们看到，英国光荣革命产生的是宪政和共和，而法国大革命却杀人无数、暴力冲突不断，因为前者是为交易而生产的工商经济，后者是自给自足的小农经济。这也是当今世界战争的发生频率大幅下降的根本原因。可以这样说，有效阻止战争的力量不是原子弹，不是强大的国防，而是贸易。今天我们反思“文化大革命”、阶级斗争之过，也许我们忽略了，“文化大革命”、阶级斗争只有在计划经济下才可能发动得起来，在真正的市场经济中是不可能存在其生存的土壤的。

生产可以创造价值，但是生产也可能不创造价值，甚至消灭价值。比如生产了社会不需要的产品，那么这样的生产就消灭了价值。但是交易一定创造价值，有任何一方受损，交易都不会发生。上帝目光所及，一切皆可交易。一切交易都是不应该被人为限制的。

交易的前提是权利有清晰的界定。本质上，交易的不是物品和劳务本身，而是包含在物品和劳务之中的权利。于是权利的界定和保护就成为市场经济的基本前提。交易是通过契约来实现的。因此契约精神、法治又成为市场经济的根本保障。有人说，世界上有好的市场经济，也有坏的市场经济，好的市场经济都是产权清晰界定、法治有保障。然而我要说，严格来讲，产权不能清晰界定、法治没有保障，这样的经济是不能叫作市场经济的。世界上的市场经济只有真假之分，没有好坏之别。

传统农业社会提倡集体主义、奉献精神、以德治国，为交易而生产的市场经济则强调个人主义、权利意识、契约精神。为交易而生产，不只是极大丰富物质财富，也带领人类开始了崭新的文明。这种文明就是有别于农耕文明的工商文明。

2014年11月

市场不仅最有效率也最公平

就像爱情与生命是人类永恒的话题，效率与公平的争论也从来没有停止过。大多数人认为，市场可以解决效率问题，但是不能解决公平问题。因此社会需要二次分配，初次分配解决效率问题，二次分配解决公平问题。这正是福利主义、社会保障大行其道的理论基础。

可是上述理论的支持者们没有认真思考一个基本的问题：什么是公平？是起点公平算公平，还是结果公平算公平？起点公平，结果便不公平，结果公平，起点就不可能公平，这个矛盾如何调和？所以公平是，也只能是一个人创造多少价值便获得多少报酬，舍此不会有第二个合乎逻辑的公平定义。创造多少价值便获得多少报酬，这不仅公平，也恰恰能保证效率。

但是怎样知道一个人创造了多少价值呢？事实上，离开了市场，我们不知道一个人创造了多少价值，也就不知道他应该得到多少报酬。而在自由市场经济中，一个人创造了多少价值，他便得到多少报酬；反之，他得到了多少报酬，便意味着他为社会创造了多少价值。

我们以为私有产权、市场经济存在剥削，不公平，但实际上只要人身是自由的，就不可能有剥削存在。既然人身是自由的，你说这里收入低了，那么为什么不去收入更高的地方呢？不去收入更高的地方，只能说明在这里挣得的收入已经是你能够挣得的最高收入了。所以，只要人身是自由的，那么每个人得到，当然也只能得到他应该得到的最高报酬。

在私有产权、市场经济下，人身必然是自由的，因而不可能存在剥削。在市场经济中工资等于劳动的边际生产率，这正是你创造多少价值，便获得多少报酬。当然，并不是你付出的时间长、劳动强度大，就一定贡献大。价值或者说边际生产率最终要由替代选择来决定。为什么你的工资是月薪3000元，而不是3001元，是因为老板能用3000元从市场上另聘一个人来替代你；当然老板也不可能只给你2999元，因为你可以到另一个老板那里去挣到3000元。即使种粮的劳动方式没有任何变化，但因为打工的收入上升了，那么种粮的劳动成本也是上升了的。这就是为什么说种粮的劳动报酬是由打工的劳动收入决定的。

毫无疑问，社会有生来能力差或遭遇不测的人。比如那些老弱病残没有劳动能力的人，如果一定要他们付出多少劳动，才能获得多少报酬，那么他们就不能生存。这种情况下，就需要社会救助，需要政府有所作为。但是政府只应提供最低生存标准的保障。严格来讲，这是社会救助，不是社会保险。征收的费用不应叫作社会保险金，而应明确地叫社会救助金。当然，提供这种救助的并非只有政府，各种慈善组织在这方面也是大有可为的。

政府出于让每个人都能体面生活的愿望而提供的所谓的社会保障，其实是完全错误的。这并不是冷酷没有同情心，不关心穷人，不愿意穷人生活好。单单从人道主义出发，我们希望每个人都过上体面的生活。但是如果以体面生活为标准，我们怎么解决巨大的道德风险呢？

一个人，本来有劳动能力，但是因为有了体面的社会保障，便不劳动或者降低努力程度，我们怎么鉴别他是真的需要社会保障还是在搭社会保障的便车呢？而且，事实已经证明真正需要救助的人其实是得不到优越保障的。这正是茅于轼老师主张廉租房不要建厕所的原因。廉租房建得太舒服，就落不到真正需要它的穷人手上了。如果我们以体面为标准向社会成员提供社会保障，那么不仅是不公平的，而且最终也会因为损害了效率而让社会整体变得贫穷。

所以，我们必须清楚我们面临怎样的现实约束。理想是美好的，然而现实往往是残酷的。让我们记住哈耶克教授的告诫：使一个国家变成地狱的东西，恰恰是人们试图将其变成天堂的努力。真正理想的社会一定是每个人自食其力、做出多少贡献便获得多少报酬的社会。在这个意义上，自由市场经济，也只有自由市场经济才是人类既公平又有效率的最理想的社会。

2014年2月

市场化是在恢复道德水平

有不少人，把今天的问题食品、坑蒙拐骗、贪污腐败，归结为市场化的错。他们怀念计划经济体制，认为那时不存在这些问题。真的是这样的吗？

千万不要以为计划经济体制下没有问题食品。没有食品其实是天底下最大的问题食品。我小的时候，一家人一年只能吃两斤猪肉。今天我们选瘦肉不要肥肉，但那时一年见不上几滴油星子的，大家是抢着要肥肉不要瘦肉。今天我们找着粗粮吃，但是我小的时候哪一顿不是酸菜加粗粮，即便这样还有青黄不接的时候。我不是说我们没有问题食品，但那些饿得浮肿的朝鲜百姓，才是问题食品的最大受害者。朝鲜的百姓，眼巴巴望着我们的问题食品呢！

不要说计划经济体制下没有坑蒙拐骗。只是这种体制下的坑蒙拐骗不是表现在商品质量低劣上，而是表现在商品短缺和出工不出力上。我小的时候，寒暑假是要帮生产队干活的。一个主要的活是拔红薯地里的草。四川的地很板结，要是老老实实把草连根拔掉的话，不满手血泡才怪。我们总是在田埂边看得见的地方把草连根拔起，地中间看不见的地方就只把露出来的“脑袋”揪掉了事。这是不是坑蒙拐骗呀？另一个重要工作，是帮队里收玉米。我们总是藏一些玉米，然后傍晚没有人的时候再把它捡回来。这是不是坑蒙拐骗呢？

你想明白了吗？为什么集体的时候坡上的柴就是不够村里的人烧，但是包产到户，很快坡上的柴就变得烧不完？让我告诉你答案吧：小时候家长在外干活，我们要为家里烧火做饭。谁家小孩不贪玩呢？烧荆棘柴火，你得不停地加柴，不能离开灶头。所以我们就偷偷把山上的小树砍回来，有时是白天捡柴的时候砍，有时是夜晚结伴去偷砍。你说，这是不是坑蒙拐骗呢？

计划经济体制下真的没有贪污腐败？队长的儿子智力有问题，我妈却尽力给他的儿子介绍对象。何故？跟队长搞好关系，派活的时候就可以派一个稍微轻松或者工分相对高些的活计。不要以为这是什么大好处，就算跟队长搞好了关系也一样吃不饱饭的。我不否认今天有腐败，很严重的腐败，拿项目、做工程很多都要行贿给好处，但是今天至少不会为了吃饱饭去行贿受贿了吧。

腐败的根源是管制。没有管制就没有腐败，管制少腐败一定也少。计划经济体制管制无处不在，今天干什么、明天干什么，什么时间出工、什么时间收工，这丁点儿的事儿都是被管制的。市场经济体制下至少这些小事不再需要管制了吧？不要看今天腐败案一发生，动辄几百万、上千万甚至上亿金额，今天的GDP总量与过去相比也是不可同日而语的呀。我的判断，今天的腐败额与GDP之比值是远远低于计划经济体制时期的。

孟子讲："无恒产者无恒心。"所谓的道德沦丧，其实不过是破坏了私有产权的外在表现。张五常讲："出现了市场和市价的地方，是不能叫做公产的。"所以，市场化其实是在恢复道德水平。今天的问题食品、坑蒙拐骗、贪污腐败，都不是市场化的错，而是市场化不彻底的错。解决之道不是回到计划经济体制的老道上去，而是要进一步推动市场化改革。

2014年2月

市场化在减少而不是增加腐败

问个问题：传统计划经济体制下腐败厉害，还是今天市场经济体制下腐败厉害？你可能会认为今天市场经济体制下腐败厉害，但我的答案完全相反。不要以为计划经济体制下腐败少，而市场化改革导致腐败盛行。市场化其实是向着减少腐败的方向在行进。

腐败的根源是管制，没有管制就没有腐败，管制少，腐败也一定少。我们只要问，是传统计划经济体制下管制多，还是今天市场经济体制下管制多，答案便一目了然了。

计划经济体制下地里种什么、每天做什么、几点出勤几点收工都是被管制的。市场经济体制下这些不再受管制了吧？计划经济的时候买个自行车、手表，都要找关系弄票证，但是今天，我们买汽车、房子甚至买飞机都可以自由交易。找关系弄票证，这难道不是腐败？那时候，你要设法跟生产队长搞好关系，这样派活的时候就可以派你轻松一点的活；你还要设法跟分粮称秤的人搞好关系，几斤粮食都要看人心情。但是今天，所有这些活动我们都不需要看人脸色。今天，虽然跑官要官、跑项目要项目还是常态，但是毕竟涉及基本生活的活动我们不需要再搞关系了。

所以，不要看今天腐败案一发生，金额动辄几百万、上千万甚至上亿，今天的GDP总量与过去相比也是不可同日而语的呀！我的判断，以腐败金额占GDP的比例来看，以涉及腐败的经济活动占经济活动总量的比例来看，今天腐败是大大地减少了。

这也揭示了反腐败的一个重要含义。反腐败是对的，但是反腐败的关键是约束权力、减少管制、推进市场化。既让官员拥有管制的权力，又不让其腐败，他们会怎么做呢？答案是，会破坏性地使用权力。正如《金瓶梅词话》描写的太监那样，通过手抚口啮发泄性欲，甚至索性手脚并用糟践女人，从中得到另类满足。所以，我并不是说腐败好，但是又让官员拥有巨大的权力，又不让其腐败，事情不会更好只会更糟。

改革开放以来，虽然中国的经济自由化程度有了很大的提高，但是中国仍然是一个管制经济，为什么经济竟然大有看头呢？很重要的一个原因，是腐败消解了管制。很多本来可以干、应该干的事情，因为管制不能干，但你给有关官员送了好处，便可以干了。所以你同意也好，不同意也罢，腐败在事实上是松动了管制的，在管制经济中腐败提高了经济的自由度。

我们看到腐败盛行，却忽略了，腐败盛行的背后一定是管制盛行。我们以为是腐败对经济造成了伤害，殊不知其实管制才是罪魁祸首。当然，我们也要高度警惕，为了腐败而去管制。这就是经济学所说的设租。这里面的确有个“鸡生蛋、蛋生鸡”的问题。但至少，我们要区别对待两种类型的腐败，一种会增加经济的自由度，另一种会减少经济的自由度。况且关键还是限制权力。权力果真被限制住了，设租的可能性也就大大降低了。所以一定意义上，我不反腐败，我反政府干预。不能只反腐败，不限制政府权力——限权重于反腐！

腐败与政治的独裁或者民主之间的关系也不是看上去那么简单。皇帝是独裁，皇帝过寿是公开接受官员贺礼的。皇帝接受官员贺礼，这是鼓励腐败。皇帝要清官，但更要贪官。贪官才听话，贪官的存在其实是有利于皇权统治的。所以独裁不能反腐败。但是民主也不能反腐败。民主只是改变腐败的形式，由老百姓贿赂官员改为官员贿赂老百姓。那盛行西方世界的福利主义，本质上也是腐败，是官员在贿赂讨好老百姓。我有一个观点，西方腐败比中国厉害。不然，我们就不能解释中国经济的好和西方经济的差。所以，独裁与民主都不能限制腐败。法治、清楚的权利界定、减少政府干预才是反腐的根本。

2014年3月

市场经济不需要计划生育

计划生育是破坏私有产权推行计划经济而不得不采取的补救措施，真正的市场经济不需要计划生育。

众所周知，草地公有，那么大家都要多放羊，因为放羊的收益归自己，而对于草地的损害却要大家分担。殊不知，多放羊和多生孩子其实是一回事。回想计划经济体制的时候，大家一起“吃大锅饭”：上学、就医几乎相当于免费，看病只需交一毛的挂号费，上学只需交2～5元的学费。我读高中的时候，交20元，学校就给我们提供宿舍（被褥自己带）、课本以及作业本，还给我们蒸三顿饭，让我们每个月吃上一顿肉。这样的制度安排，无疑是“你生孩子大家养”。给定这样的制度安排，能够多生，为什么不多生？

这和当今大不相同。大家算一算，现在养一个孩子要花多少钱？惊人的数字吧。我的大哥二哥都要了两个孩子。我问他们：现在让你们生，还生不？他们齐声回答：不生了，两个孩子最好。今天，看到孩子是用百元大钞堆高的，让你多生恐怕你也不会生了。

所以，不要高估了计划生育政策在控制人口增长方面的作用。事实上，虽然实行独生子女政策，但农村基本上没有独生子女，交钱就能生，或者生了罚款了事。今天一些省会城市，10万元就能上一个户口。千万不要误会，我不是说交10万元上一个户口不对，我认为不交钱也能上户口才更好。是的，人口增长降下来主要不是计划生育政策的“功劳”，而是市场化的作用。市场能够有效配置其他资源，为什么就不能配置人口资源？

市场化后自己生孩子自己养，人们自然要“计划生育”，人口绝不可能无限制增长。

问题的另一方面是，在市场经济下人多也未必是坏事。我们认为资源环境不能承载过多的人口，其实真实情况并非如此。计划经济下，物不能尽其用，人不能尽其才，确实会出现资源环境无法负荷人口的情况。但在市场经济下，这个就不是问题了。市场会把资源配置到最能发挥其作用的地方。市场决定的人口就是最优人口。在市场经济下，人多不仅不是坏事，反而还是好事。

假如全世界只有一个人购买汽车，那么没有几百万、上千万是买不到汽车的。但是如果有几亿人需要汽车的话，几万、十几万就可以买回一辆汽车。同样的道理，餐厅就餐，一个人吃饭，饭菜价格一定会贵很多；很多人吃饭，饭菜价格一定便宜一些。需求众多，生产方式就会改变，最有效率的生产方式就可以被采纳，这其实是节约了资源。

每个人都发挥比较优势，做自己擅长的事情，然后通过市场与他人交换产品和劳务，这是效率提高的根本原因，最终每个人都享受到比他单个人从事生产多得多的产品和劳务。

自马尔萨斯始一直有人担心资源不能承载人口增加之重，到今天，人口增加何止几十倍，然而人们的生活水平不但没有下降，反而大幅上升，这足以证明此种担忧之多余。

逻辑上，人多绝不是人均收入低的原因，人多人均收入应该更高而不是更低。养活十三亿人不容易的说法，完全是错误的。人越多，越容易养活。改革开放前，我们有那么多人口，可是吃不饱饭，穿不暖衣，这显然是制度的原因。改革开放后，经济大发展，人民生活大幅提高，就是因为制度允许人们发挥其潜能了。不过，尽管我们取得了巨大的进步，但是离我们本来可以取得的成绩还有很大距离。不考虑今天技术的大幅度进步，单是从人口角度，由于我们的人口规模大、密度高，人均收入也应该比其他国家高才对。然而事实显然不是这样。

经验上，我们观察到人口密度高的城市比人口密度低的农村生活水平高，人口密度高的大城市又比人口密度相对较低的中小城市生活水平高，就是这个道理。经验上，任何国家融入到世界经济的大市场中，经济就会增长，生活水平就会大幅度提高。反之，像朝鲜那样闭关锁国，贫穷、吃不起饭就是必然。

2013年5月

吃饭是收入问题，不是土地、粮食问题

支持“18亿亩耕地红线”政策的人认为，13亿的人口大国，粮食安全必须主要依靠自己；这个政策是要保证13亿人口的吃饭问题。这担心是有传统的。当年马尔萨斯就担心土地资源有限，粮食只能按算数级数增长，而人口按几何级数增长，必然会是一个缺衣少食的悲惨世界。可是，今天世界人口是马尔萨斯时代的几十倍，马尔萨斯的悲惨世界并没有出现。

一个重要原因是知识在积累，技术在进步，生产效率以更高的速度在增长。解放初期我国的人口是5.3亿，耕地比现在多，可是粮食一直供应不足。改革开放以后人口增长到13亿，耕地大大减少了，并且投入种粮的劳动力减少了一半以上，可是我们吃的比过去任何时候都更饱、更好。我们不但有足够的粮食吃，还储备了数量巨大的粮食。

但是这仍然打消不了土地资源有限、无法满足人类某种需要的顾虑。事实是，经济学自诞生之日起就认为土地是固定的。因为这个原因，土地的收入被叫做“租”——“租”是其大小变化不影响供给的收入。但实际上，只是在一定的价格范围内，土地供给才是固定不变的，土地的收入才能叫做“租”。首先，任何资源，总会有多种用途。例如，土地可以种粮，也可以盖房。房价足够高，种粮的土地就会转做盖房子用；反之亦然。在每一种用途上，其供给是随价格变化而变化的。其次，表面上盖房子的好位置地块是固定不变的，但如果房价足够高，那么房子会向地上地下延伸，就像今天的大城市，高楼林立，这相当于是增加了土地的供给。

正确的经济学看法是，一切数量问题，本质上都是一个价格问题。我们容易忽略：离开价格，其实不知数量为何物。如果人们出得起足够高的价钱来买粮食，那么生产粮食的土地就会生出来。且不说那些不太适合种粮被废弃的土地会被整理出来种上粮食，就是房顶上，甚至楼房内用工厂化的方式生产粮食都会成为可能。今天蔬菜价格上涨，在城市就不断涌现利用工厂无土栽培的蔬菜。所以，所谓种粮的土地有限或者越来越少的说法完全错误，随着粮价上涨，种粮的土地是可以人为增加的。

在当今技术条件下，没粮吃，肚子挨饿，其实并不是种粮的土地不够多、粮食少不够吃的缘故，根本的问题是收入低，人们出不起高价买粮吃。事实上，随着油价飙升，由可再生资源如玉米、大豆等粮食作物生产的生物燃料引起人们极大的关注，许多国家纷纷鼓励使用生物柴油，在车用汽油中添加燃料乙醇，并且不断加大对生物燃料生产的扶持力度。二十世纪末我国也开始发展燃料乙醇产业，“十五”期间，在河南、安徽、吉林和黑龙江建设了多家以陈化粮为原料的燃料乙醇生产厂。目前，黑龙江、吉林、辽宁、河南、安徽五省全境，江苏5个地市、山东7个地市、河北6个地市以及湖北9个地市共4省27个地市被列为车用乙醇汽油试点。2005年我国生产燃料乙醇125万吨，2006年增至133万吨，目前我国生物乙醇汽油消费量已占全国汽油消费量的20%左右，成为世界上继巴西、美国之后第三大生物燃料乙醇生产国和消费国。故只需出到汽油的价格，就会从汽车口中抢来多得吃不完的粮食。

所以，吃不吃得上饭，不是种粮的土地多与少的问题，不是粮食多与少的问题，而是收入高与低的问题。世人不是因为粮食少而挨饿的，而是因为贫穷出不起价才挨饿的。见过穷人挨饿的，却没有见过富人挨饿的。发达国家不主产粮食，但是发达国家的人民并没有挨饿。发展中国家多数主产业是农业，可是饥饿偏偏发生在这些以农业为主产业的国家。

典型的例子是，计划经济体制下人们吃不饱饭，可是仍然要卖粮。国家在出口粮食，个人饿着肚子也在卖粮食。联合国规定的生存标准是年人均粮食占有量250千克。印度低于这个标准，和朝鲜（年人均约130千克）、非洲大部分地区（年人均小于200千克）一样都还没有解决吃饭问题，可是印度是粮食出口国。这不难理解，因为人不只是需要吃饱饭，还有别的需要，要上学，要穿衣，要就医……那么最优的状态便是将收入兼顾分配到各个项目上去。如果收入低，那么即使吃不饱饭也要卖粮食来满足其他方面的需要。

工商用地收益是农业用地的几十倍甚至上百倍，为什么要限制农业用地转为工商用地呢？

或许是担心国外对我们实行粮食控制，所以即便工商用地的收益远远高于农业用地的收益，仍然要维持土地的农业用途。但是，且不说让别人赚钱的买卖是天下最安全的买卖，由于交易是双边的，中国依赖国外的粮食，意味着国外一定依赖中国的制造品；如果国外对我们实施粮食控制，那么一方面其粮食销售不出去，另一方面其制造品又会短缺。所以，担心国外对我们实施粮食控制完全是多余的。

限制农业用地转为工商用地，假如损失的只是工商用途和农业用途的差价，倒也罢了，问题是限制农业用地转为工商用地，势必要减少工商用地的数量，产生高房价。这不仅造成收入由穷人向富人转移，导致两极分化，因为能够分享资产泡沫盛宴的人不可能是穷人，相反，穷人还要承担因为房价上涨而导致的租金上涨，而且高房价还会严重伤害制造业。

所以，我们不能既痛恨高房价，又主张“18亿亩耕地红线”；不能又要振兴制造业，又要限制农业用地转为工商用地。这是自相矛盾的事情。日本经济之所以长期陷入低迷状态，与他们限制农业用地转为工商用地就大有关系。

问题出在哪里了呢？出在土地国家所有上。在土地私人所有的国家，“18亿亩耕地红线”是无法想象的。表面看来是解决吃饭问题的“18亿亩耕地红线”，其实跟吃饭半毛钱关系也没有。当然，这也并不是说“18亿亩耕地红线”没有任何的制定依据。

面对高房价，有人指责政府土地垄断。高房价与政府土地垄断不无关系，不过又不是一般的垄断问题。一般所说的垄断，垄断者垄断的是自己的物品，他当然有激励控制数量维持垄断高价。但是政府垄断的土地，并不是官员们自己的，至少名义上不是。其实，地方政府是有卖地冲动的。在任也就五年十年，能卖的地，当然要尽可能赶紧卖掉。于是就不得不搞一个限制农业用地转为工业用地的红线，这才是“18亿亩耕地红线”的内在逻辑。但是这个问题应该通过把土地产权界定给个人来解决，而不是制定“18亿亩耕地红线”。

2014年6月

食品安全问题也是收入问题

想起一个段子：早起，买两根地沟油油条，切个苏丹红咸鸡蛋，冲杯三聚氰胺奶，吃完饭穿上用甲醛胶做的皮鞋，开着用锦湖轮胎的召回车去上班。中午，瘦肉精猪肉炒农药韭菜，来几个用双氧水泡过的鸡爪，再来一份人造鸡蛋卤注胶牛肉，加一碗石蜡翻新陈米饭，泡壶香精茶叶。下班，买条避孕药鱼，尿素豆芽，膨大西红柿，石膏豆腐，回到豆腐渣工程天价房，开瓶甲醇勾兑的酒，吃个增白剂加吊白块和硫磺馒头。饭后抽根高汞烟，去地摊买本盗版小说，回去上一会盗版操作系统的XP，晚上钻进黑心棉被窝。核辐射算啥，很盐重吗？

这个段子形象地反映了我们面临的食品安全问题之严峻，我则关心食品不安全的原因。

我有一个才华横溢的年轻朋友，跟我讨论三聚氰胺奶粉的事情。他希望用风险偏好来解释这件事，就是农民对于食品风险偏好高一些，而城市居民对于食品风险偏好低一些。含义自然是清晰的：其实农民并不是不知道低价奶粉质量没有保障（至少质量是不高的），但他们仍然选择购买，因此，完全消灭问题奶粉就不大可能，而且也不是社会最优。或者也可以这样说，就算“三元”不出问题了，“四元”或者“五元”也会出问题的；就算奶粉不出问题了，其他食品也会出问题的。不是吗，岂止是问题奶粉，“地沟油”“苏丹红”，是不需要逐一列举的。

我不是说没有风险偏好这回事，但认为从风险偏好来解释世事是数学，不是经济学，至少不是真实世界的经济学。我的解释：人不只是要吃奶粉，还要做别的事情。要穿衣，要吃饭，要看病，要送孩子读书……效用最大化不是在其中某一件事情上实现最大效用，而是要在所有事情上实现总的最大效用。如此，需要每一选项上的边际收益与商品价格之比相等才是实现了总的最大效用。这是经济学的入门课程，本科一年级就知道的。这需要消费者将有限的收入在各种选项上做一个大致“平均”的分配。是的，我们不能只吃饭，不穿衣；也不能只是吃饭穿衣，而不看病、不上学。假如收入很高，那么消费者当然可以在每一种商品的消费上投入较多的货币支出。假如收入本来就不高，甚至很低，那么消费者在单项商品上的消费投入就不可能高，但是又不能不消费。怎么办呢？只能消费低价、质量没有保障的商品。

这个解释的含义也是清晰的：不排除立法和执法等方面的不足是导致问题食品的重要原因，但是问题食品的确也是经济不发达、老百姓收入不高的外在表现。我并非不知道路边的小店在用地沟油，但是能够用于吃饭的预算支出有限，不可能天天都去五星饭店的。问题食品的解决有赖于经济发展和老百姓收入的提高，问题食品的消失同时也是一个经济发展、百姓收入提高的自然过程。我敢打赌，如果大多数人都是富翁，那么问题食品一定会消失的。

逻辑上，产权和法治等其他情况相同，收入水平越低的国家，问题食品也会越严重。计划经济体制下收入水平低下，因此计划经济体制下的问题食品应该比今天严重得多。千万不要以为，朝鲜就没有问题食品。没有食品是天底下最大的问题食品。那些饿得浮肿的朝鲜百姓，才是天底下最大的问题食品受害者！

2012年6月

贵物离乡与物贱他乡

近读张五常教授的《经济解释》，其中有贵物离乡的分析，很是别致有趣。张教授的解释是从需求方的角度给出的，这里我试着从供给方的角度给出一个解释。张教授的贵，乃质量好的意思。现实中，还有另一类现象，就是物贱他乡，物品的产地价格高于非产地价格。这里的贱，乃价格低廉的意思。一个是有关质的，一个是有关价的，我把它们放在一起讨论。

美国华盛顿州盛产苹果，品种数以十计，其中红苹果最受欢迎，市价也最高。然而，可以明显观察到的是，上佳的红苹果大都远渡重洋销往他乡，本地人多吃较差的或者其他品种。

何以贵物离乡呢？张教授的解释是：“苹果是多种品质的，但运费只以只计，是固定的；糖分及其他质量上升，这些质的间接之价在他乡就跌得很快。异乡人吃上佳的红苹果，是受到需求定律的约束了。”张教授的解释别致有趣。

从供给方的角度来讲，苹果商乐于把上佳的苹果销往外地，而在本地市场上只销售一般的苹果。这是因为：价格既定，质量更好的物品更具竞争力，更能占领市场；质量既定，价格更低的物品更具竞争力，更能占领市场。苹果运往外地，由于运输成本的缘故，其价格必然要上升，非更好的质量无以形成竞争力，无法占领市场。本地市场呢，由于省却了运输成本，价格可以比外来的苹果低一些，一般的苹果就有足够的竞争力来占领市场了。

可以肯定，种植上佳苹果的成本一定较高，或者，种植上佳苹果需要特殊的要素投入，而这些特殊要素供给有限，因而上佳苹果的供给也是有限的。不然，一般苹果就不会有存在的机会了。把上佳的苹果销往外地，而在本地市场只销售一般的苹果，这是苹果商在既定的成本或者数量约束下实现既占领本地市场又占领外地市场，从而实现收益最大化的理性选择。

现实中，还有不少这样的例子。据我所知，哈尔滨啤酒厂就实行了这样的销售策略：将上佳的啤酒销往外地，而在本地市场上只销售一般的啤酒。我们还知道，出口商品的质量一般要好于内销商品……

贵物离乡很普遍，也有趣。现实中，还有另一类有趣的现象，就是物贱他乡：物品的产地价格高于非产地价格。物贱他乡也非常普遍。据我所知，北陵公园生产的北陵冰棍园内销售价格为1元，园外销售价格为0.8元；九十年代初，长虹电视机厂销售部电视机零售价格比外部销售点每台高出50元，以致出现街这边比街那边价格高出50元的现象。

这些应该不难理解，两者都是为了建立自己的外部销售网络。

早些时候，长虹的厂内销售价格是低于外部销售价格的，以至有人千里迢迢买电视机。我二哥就是从千里之外的长虹厂买的电视机。产品供不应求，外部销售网络不显重要。然而当竞争白热化之后，外部销售网络就至关重要了。正是在市场竞争趋于激烈、深感自己外部销售网络滞后的时候，长虹实行了厂外销售价格低于厂内销售价格的销售策略。

不过，我主要不谈这些，我要谈另一类物贱他乡：为何大连海鲜价格高于沈阳？

沈阳的海鲜是经大连而运达的，但是沈阳的海鲜价格反而低于大连。这似乎令人不解。

一说可能是因为大连人更加偏爱吃海鲜。但这个解释不能令人信服。如果说大连人更加偏爱吃海鲜，大连的海鲜需求高的话，那么流向沈阳的一部分海鲜就会流向大连，大连的海鲜供给相应地就会增加，其结果，大连的海鲜均衡价格还是不应该比沈阳高。事实上，一价定律告诉我们：如果不考虑运输等交易成本的话，那么同质的物品在不同的地方价格应该是一样的。考虑了运输成本，沈阳的海鲜价格应该略高于大连才对。

二说可能是因为市场结构不同的缘故。据说丹东有一个小镇，临海，但是其海产品的价格高于周围不临海的小镇，原因乃是因为有人霸市垄断。海上来的鱼都得卖给鱼霸。鱼霸出一个不菲的价钱给渔民，再配合以其他非市场手段，渔民也就乐于将鱼卖给鱼霸。鱼霸垄断了鱼的供给，然后再将鱼高价批发向市场，导致鱼价高于周围不临海的小镇。

但是，在大连这样的大城市，霸市垄断是很难的。

我的解释：大连海鲜价高，这是因为大连整体物价本身就高。是的，大连不仅海鲜价格较沈阳高，其他物品的价格也较沈阳高。2001年10月，我陪妻子去大连观光购物，结果发现大连衣物的价格高出沈阳不少。玩了两天，只得空手归来。虽然大连海鲜价格高于沈阳，但是大连海鲜的相对价格一定低于沈阳。以相对价格来看，就不会有任何不解的了。

那么，为什么大连整体物价水平较高呢？这又一定是因为土地、人力这样的供给量基本固定的要素的价格较高的缘故。因为假如供给量不是基本固定的，那么价高供给量就会增加，价格水平是上不去的。让物价产生差异的是不可贸易要素的作用。

同样的道理，天津物价较北京低，既不是天津人不好购物的原因，也不是天津人收入水平较低的原因，在根本上，乃是天津地价和工资成本较北京低的缘故。

2003年3月

真实世界知识产品的间接定价

知识产权的界定和保护比较特别。知识这种东西，别人没有看到、不了解，不知其价值所在，自然不会出价购买；然而一旦看到、了解了，也就不需要出价购买了。这就是我们常说的很难给知识直接定价。所以我们的社会发明了专利、版权等制度来协助知识定价。

毋庸置疑，专利、版权等制度有力地协助了知识的定价。不过专利保护到底是有极高成本的。当年爱迪生有很多发明创造价值连城，然而爱迪生死的时候并不富有，他的钱很多都用于打官司了。可见并不是每一个创新都是适合申请专利保护的。而版权的维护同样也具有高成本的特性，并不是所有知识都适合用版权来协助定价。我不想详细讨论这些人为发明的制度怎样协助了知识的定价，这里我要讨论的是市场自发产生的关于知识间接定价的机制。

最常见的知识间接定价机制是那再平常不过的企业制度。企业家才能是有关发现利润的知识和能力。这种知识和能力在市场上是很难直接定价交易的。那怎么办呢？企业家可以融资办企业，雇佣工人生产产品和服务。在此过程中，银行获得利息，工人获得工资，企业家则获得利润。这利润就是企业家才能的报酬了。我们可能没有想到，每一个企业都在为知识和能力进行着间接的定价，每一个企业都有一套知识和能力的间接定价机制。

当然，企业家才能毕竟是高价值的东西，值得用企业机制去为其间接定价。我们不免要问，对于那些价值微不足道的知识，市场也能为其间接定价吗？我本人，只是懂得一些抽象的理论，写一些不值几文钱的文章，市场能为我的这些不值几文钱的文章定价吗？

君不见，林永青和他的《价值中国网》就在为我的那些文章定着价呢。其定价的机制是：我把文章“免费”粘贴到自己的博客上；如果我的文章别人看了受益，真的具有内在价值，那么就会有很多人来看，网站的点击率就会上升，就可以获得更多的广告收入，而网站为激励我提供高质量的文章，自然要选择恰当的方式给我付费。这正是《价值中国网》给作者赠送股权的道理。我们大家获得的股权就是市场为我们的文章所作的间接定价。

想想吧，我们的报纸、杂志、电视台、广播电台不都在为知识进行间接定价吗？虽然它们的服务对象和付费方式在细节上存在不少差别，但它们都在发挥着为知识间接定价的作用。最近，网上流行一则题目叫《买了中石油，生活不用愁》的编排中国股市的小品段子。模仿崔永元、赵本山、宋丹丹的小品，惟妙惟肖，而对于中石油、中国平安两只股票的编排则令人过目不忘，给人的享受程度一点也不亚于看赵本山的真实小品。令我感兴趣的是，在这个段子里，好些关键词都做了链接。当鼠标放在这些关键词上的时候，就有广告窗口弹出来。例如，其“股票”一词链接的是家庭理财的广告，“听说”一词链接的是实用口语特训班的广告，“生活”一词链接的是太太乐的广告。这就是了，编辑这样的段子怕是需要付出相当的时间和心智的，假如这种投入不能被定价并取得回报，那么有谁还愿意去编辑这样的段子呢？表面上，我们“免费”享受了段子，但实际上广告商们为这个段子的作者是支付了费用的，而我们大众读者呢，受到广告的影响，去购买商家的产品和服务，在这些产品和服务的价格中就包含了我们为这个小品段子所支付的费用。这是把知识的间接定价做到了极致。

我们经常通过手机向相识的朋友发送一些风趣幽默的短信。朋友，编辑这样的短信也是需要花费时间和心智的。可以肯定，假如它们不能被定价付费，那么是不会有如此丰富的供给的。我们好像在“免费”享用这些短信，但实际上我们每发一条短信，电信公司都是收了费的。电信公司用这些收费去支付短信的作者，这些短信就这样被间接定价和付费了。

再向前想，我于是想到了侵权的话题上。陈嘉珉因为好多网站不经同意便转载他的文章而叫苦不迭。我则劝他：“这是好事，说明你的文章具有内在价值嘛！”我自己呢，乐于文章被到处转载，只要注明“作者谢作诗”即可。寂寂无名之辈，正愁没有人认识知晓呢；而没有名气，是卖不上好价钱的。所以，名人才会出手打击盗版侵权，小人物则全无此必要。微软在发展初期是不会动真格打击盗版的：喊归喊，行动怎样则是另一回事。今天大多数人都认可使用微软的产品了，微软打击盗版才动起真格来。朋友，相信吗？假如不是有人乐于被盗版侵权的话，在这个世界上盗版侵权是不会如此盛行的。

这就是知识产品的间接定价机制。表面上，侵权与盗版破坏产权，殊不知，在一定的条件下其也是间接定价的一种方式。这就是市场神奇的地方。我们很多人，总喜欢说什么市场失灵。面对知识经济，这种怀疑的声音似乎还有高起来的样子。然而我倒要问：这个世界上绝大多数的知识是通过什么来管理和定价交易的？我的答案：是通过市场来管理和定价交易的。“市场才是各种奇迹最经常的孵化器”，高小勇则讲得更为肯定和一般化。

2005年11月

自由买卖，稀有动物才不会灭绝

近日，网上流传一张犀牛被盗猎人割了角惨死的照片，不忍目视。这再次激起动物保护的热议。

我不是反对动物保护，但我们的确要认真思考，到底怎样做才是真正保护动物。

其实，今天众多稀有动物面临的惨状恰恰是错误的保护政策所致。我们以为，限制买卖就保护了它们。殊不知，它们之所以稀有濒危，只是因为数量少。而数量少，恰恰与限制自由养殖、自由买卖大有关系。所谓“没有买卖就没有杀害”，其实是一句误人的蠢话，因为禁止买卖不等于真的就消灭了买卖。毕竟，我们没有办法完全阻止盗猎。

不允许自由养殖、自由买卖，野生动物就会陷入“公地困境”——谁都不需要完全承担公地受损的代价，但是却可以享受使用公地带来的全部收益。如果保护者不能从保护中得到好处，他怎么有积极性真的保护动物呢？如果你是保护者，不能从保护动物中得到好处，而盗猎分子又给你巨额贿赂，你会不会对盗猎分子网开一面啊？

在众多行业，我们承认管制者会被俘获，凭什么动物保护者们就不会呢？所以，我们必须转变思路：一是增加动物的供给，二是减少盗猎的激励。能够有效做到这两者的，只能是允许自由养殖、自由买卖。猪可以自由养殖、自由买卖，现在野猪成害。牛可以自由养殖、自由买卖，牛濒危了吗？

愈是限制买卖，稀有野生动物便愈会稀有，盗猎的激励便愈是强烈。

今天，我们执行的就是严格限制交易的保护政策，然而众多动物不照样越来越稀缺濒危？犀牛不照样倒下了？它倒下了其实也不要紧，但没人饲养，没有新的供给，这就成为问题。

或许你会说，养殖成本根本不能与猎杀成本相比较。极端地说，盗猎只需一枪一弹就能完成，而养殖，你去看看熊猫，抱回家你都养不活。如果允许自由买卖，它们很可能消失。对此，我要说：第一，养殖多了，养殖的成本就会降下来，盗猎的收益跟着也就降下来。第二，像熊猫这样抱回家都养不活的动物，它就该被大自然淘汰，那是它的宿命。大自然亿万年来，被淘汰的动植物数不胜数，但地球不是照样转的好好的？

当然，我也承认，在动物已经稀有的情况下，允许自由养殖、自由买卖，短期的确存在对野生动物造成冲击的可能。因为有人会把盗猎来的野生动物说成是屠宰的家养动物。但这个问题不是不可以解决。例如，要求对屠宰售卖的稀有动物说明其来源。又如，现在开始饲养稀有动物，但得5年后才能屠宰售卖。最重要的是，假如人们真的急于把稀有动物屠宰了变现赚钱的话，那一定是允许自由养殖、自由买卖的政策还不被人相信。我的判断，如果动物足够稀缺，而允许自由养殖、自由买卖的政策深入人心，那么人们首先要做的将不是把它杀了变现，而是把它养起来下崽繁殖。正如改革开放初期，把山坡分给农民，第二天农民就上山砍树，因为他怕政策有变又被收回去。一旦政策稳定下来，农民就不是砍树而是上山栽树了。

只有允许自由养殖、自由买卖，稀有动物才能变成不稀有的动物。当稀有动物不再稀有，价格降下去了，盗猎的积极性也就下降了，它们因此才可以避免灭绝。所以允许自由养殖、自由交易，才是对稀有动物真正的保护，“没有买卖就没有杀害”，实在是一句不知就里的昏话。

2014年7月

市场的产权法治基础

市场虽好，却也昂贵。

市场不仅需要产权有清晰的界定，而且还要求谈判、签订协议等交易费用不能太高。

市场经济本质是契约经济，这也要求法治良好。

市场有前提，清晰的权利界定和良好的法治正是市场经济的最重要的两个前提。

我们观察到的收入不公、质量伪劣、诈骗盛行等现象，并不是市场失灵，而是由于产权不清、法治缺失，从而市场缺失的后果。

产权明晰国家才会真富裕

浙江奉化一栋20世纪90年代建的楼房倒塌，引起社会广泛关注。这次倒楼，并不是偶然事件。近几年，中国大地已经发生多起楼倒、桥塌、地陷事故。奉化当地居民说，就在此次住宅楼倒塌的同一个区域，另一幢住宅楼2009年也发生过倒塌，只是当时居民已经搬出。那次事故的鉴定结果表明，房屋倒塌的主要原因是施工质量太差。责任人因此被处理。

我关注这一事件，是想挖掘其中的经济制度原因，以及其对于中国经济的未来含义。

按照相关规定，一般性建筑耐久年限为50~100年。然而很多建筑实际寿命却与此有相当大的距离。2010年住建部负责人说："我国是每年新建建筑量最大的国家，建筑使用寿命却只能持续25年到30年。"相比之下，英国建筑平均寿命达到132年，美国达到74年。

我的问题是：在牛津，三四百年的房子比比皆是，还能住人，而且老房子还得是德高望重的人才有资格住，为什么我们的不到30年就倒塌了呢？在我的家乡，七八十年、上百年的土墙房子还能住人，为什么才建了20年的砖房竟然倒塌了呢？

我的答案是：中英两国产权基础不一样，今天中国和旧时中国产权基础也不一样。

市场有前提，这个前提就是私有产权。这是科斯定理给予我们的重要启示。

在私有产权下，企业才有重视产品质量的激励。因为，自己不经营了可以传给儿子，儿子不经营了，可以卖了获取声誉价值。经营者有激励维护企业的声誉。为此，他必须重视产品质量。更何况，在私有产权下，冤有头、债有主，产品质量出了问题，有主人可以索赔。产品质量出了问题，损失还是要生产者来承担。如果不重视质量，最终必然得不偿失。

然而公有产权不一样。企业属于全体人民，赚了钱，是大家的，自己不经营不可以传给儿子经营，也不可以卖了获取声誉价值，那么经营者怎么可能有激励维护企业声誉、重视产品质量呢？在公有产权下，冤无头、债无主，产品质量出了问题，找谁去索赔呢？找经营管理者吗？可他只是保姆，哪有找保姆而不找主人赔偿的？再说了，等到产品质量问题爆发，他可能早已经离开企业，甚至“去见马克思”了。这不，此次倒塌楼所属街道建设管理办公室副主任就自杀了。所以他必然要吃回扣、暗箱操作，牺牲质量以谋取个人利益。

有人会说搞好监督嘛。可监督者也是代理人，他怎么有激励真的监督呢？笔者从网上一份名为《奉化市锦屏街道居敬社区居敬小区宁波市环保模范小区创建工作汇报材料》中看到，小区开发商严格按规范要求进行小区规划建设，多项工程荣获“甬江杯”及奉化市优质样板工程称号。落款是“居敬社区居委会”，时间为2005年9月。你看，不是已经监督过了吗？

这就是计划经济体制下剥夺企业经营自主权的原因之一。企业按计划行事，没有经营自主权，虽然劳动激励不足，产品匮乏，但也不至于修建会砸死人的房子。我当然不是说企业没有经营自主权好，而是说又要坚持产权公有，又要自主权，是要出问题的，出的还是大问题。

浙江奉化楼房倒塌后，有人批评政府补偿少了。实话说，这事还真不能政府赔。政府在里面只卖了一块地皮的使用权。而且政府赔，本质是你我大众赔。让八竿子打不着的“人民”赔，“人民”冤不冤？设计不合理的是设计院，偷工减料的是开发商，给豆腐渣工程盖合格章的是监理公司，野蛮装修的是住户，这四家才是责任人。骂政府没用，找到责任人追究责任才是正道。楼倒了，政府赔钱，下次遇到冰箱不制冷，要不要政府赔？电视不出图像了，要不要政府赔？

要追究政府的是，你是不是有效推进产权界定和保护了？你是不是有效维护法治了？

我的判断，因为产权公有和法治不彰的缘故，中国二十世纪八九十年代建的楼房正在进入倒楼高潮期；中国将成为世界上GDP高却不富裕的国家。二十年后，房子倒了再建，再创造一次GDP，但房子还是那栋房子，财富并没有增加。不但没有增加，反而在减少。因为那些用来再建房子的资源，本来可以有别的用途，只因为楼倒了，这些别的用途就没有了。

2014年4月

增加收入与界定产权是一回事

政府提出鼓舞人心的收入倍增计划。用什么手段实现这个宏伟目标呢?

收入有两个来源，一个是劳动收入，一个是资产收入，舍此没有别的来路。

众所周知，农业劳动的生产率低，工业劳动的生产率高，因此，增加劳动收入本质上等同于工业化。工业化和城镇化又是一个铜钱的两面，二者相互依赖，互为支撑。经验上也的确如此。这些年来，农民收入不断增长；农民收入增长正是主要依靠打工收入来实现的。

所以，要创造让农村劳动力顺利流向城市和工业部门的机制。为此，要打破户籍制度以及教育不平等等城乡二元分割。但是仅仅创造了农村劳动力顺利流向城市和工业部门的机制还不够，还需要降低制造业的成本。当今制造业是面向全球生产销售，降低成本至关重要。

今天中国制造所面临的生产成本上升和竞争力下降，并非劳动成本上升所导致，而是房价上升、产业上游垄断、高税收等因素所导致。工资等于劳动的边际生产率。工资成本上升意味着劳动生产率提高了，这个企业因为工资成本上升做不下去了，一定是因为劳动力在另一个企业找到了工作，并且创造了更高的价值，因此工资成本上升并不降低制造业整体的竞争力。

当然，这里所说的工资上升一定要是市场决定的，而不能是人为推高的。

高房价将直接提高工人的生活成本。我的问题是：工人的高生活成本是不是工厂的高生产成本呢？交易关系中的双方，你的成本其实也是我的成本，我的成本其实也是你的成本；当然你的收益也是我的收益，我的收益也是你的收益。为什么沿海地区企业聘不到低成本劳动力，而转移到中西部地区就能呢？恰恰是因为高房价等因素阻碍了劳动力的自由流动。

高房价一个很重要的原因，是三十年的高增长产生了巨额收入，然而这些收入缺乏有效的载体。股市不争气，土地又国有，房地产于是成为承载三十年巨大收入的有限的几个抽屉之一，怎能不装得满满的？房价怎么可能不高呢？反之，要是土地产权界定给个人，960万平方公里的土地，每一寸都变成吸收收入的海绵，那么房价就不可能这么高了。

将土地等重要生产要素的产权完整界定给个人，不只是降低制造业成本、提高制造业国际竞争力的需要，同时也是直接增加百姓资产收入的极其重要的手段。

其实，增加百姓收入并不难。一块土地，假如百姓只是拥有使用权、收益权，没有转让权，那么该土地的市场价值就要大打折扣。而如果还同时拥有转让权，那么该土地的市场价值就会大幅上升。这就是说，只需把产权界定完整，土地市值就会大幅上升，百姓的资产收入就会大增。这也就是说，只需把产权界定完整，就可以有效增加百姓收入。这些年，百姓收入增长低于GDP增长，原因正在于土地产权没有清晰完整地界定给个人，因而百姓没能获得应该有的资产收入，同时，收入分配不平等加剧的原因也在于此。我们批评土地财政，甚至因此而批评分税制，殊不知，土地财政的背后其实是土地产权。土地产权归地方政府而不是清晰界定给个人，卖地收入怎么会落入百姓口袋呢？

如今政府提出收入倍增计划，莫非真要将土地等重要生产要素的产权完整界定给个人？

2014年2月

收入不公根源在于产权界定

2013年1月18日，国家统计局发布2003～2012年的基尼系数。在官方口径中已经消失了十多年的基尼系数，一次性补上了十年的数据。该数据显示，2003～2012年间，中国的基尼系数值多在0.47～0.49之间，在2008年达到顶峰0.491，近几年逐步下行，2012年为0.474。

这一数据引发了广泛争议，争议集中在：除了该基尼系数与此前西南财经大学一研究机构发布的0.61有差距外，2008年以后居民收入差距缩小的说法也与实际感受很不相符。一些扩大收入差距的因素，包括房价上涨、垄断行业收入快速上升，如果这些未能纳入统计，国家统计局估算出来的收入差距变动趋势也就不具有说服力。国家统计局发布该系数后，经济学家许小年引用郑渊洁的话说，连童话都不敢这么写。但是李实等学者强调，城乡收入差距缩小是一个有利基尼系数缩小的因素。他们的测算显示，2003年开始城乡收入差距增大，2009年达到3.3倍，随后逐年下降。这主要是农产品价格上升、农村社会保障投入加大、农民工工资上升的原因，这些因素有数据支撑。解惑的唯一办法，是统计局公开原始数据和计算方法。2013年2月1日，国家统计局公开了计算方法和依据，但是始终未披露原始数据。

根据联合国的定义，基尼系数的警戒线为0.4。就算2012年基尼系数为0.474，也意味着中国的贫富差距仍处于危险的高水平上。我关心的是：收入分配不平等的根源是什么？

一般认为，市场能够有效解决效率问题，但是不能有效解决公平问题。隐含的意思是，自由市场会导致两极分化，需要政府二次分配来纠偏。这正是福利主义、社会保障大行其道的理论基础。但实际上，自由市场恰恰不可能导致两极分化。

市场经济是交易经济。自愿的交易一定是双方都得到改善。在市场经济下，获取财富的唯一途径是让他人也获得财富。在市场经济中少数人可以成为大富翁，但他们成为大富翁是与社会大众财富增长相伴随的。所以，市场经济中人们是不会仇富的，那些大富翁，如洛克菲勒、比尔·盖茨、巴菲特、乔布斯，他们不但不被人们仇视，反而是人们心中的大英雄。

经济社会发生两极分化，一定是因为破坏了自由市场。市场以私有产权为前提，这是科斯定理给予我们的重要启示。种种所谓的市场失灵，常常只是因为我们破坏了产权基础。

让我们回到经济学的收入概念上来。在经济学看来，凡是能够带来收入的都是资产，收入折现后的现值之和即资本，因此资本也即资产的市值。是资产或者资本产生收入，它是收入的源泉。因此是资产或者资本分配的状况，影响和决定着收入分配的状况。当资产或者资本相对集中在少数人手里时，收入分配就表现为向社会的这一少部分人倾斜，反映收入分配差距的基尼系数就会高；反之亦然。如果不考虑政府通过税收和补贴实行的收入再分配政策，那么一般来说，收入分配差距反映的是资产或者资本配置的状况。

经济学还有一个重要概念，就是任何有价值的资源都不可能真正公有。产权国家所有的实际后果，是把资产配置给了少数当权者。中国富裕阶层尽管不乏凭才智和勤劳致富的，但也确有相当一部分人，是靠官商勾结、权钱交易等“寻租”方式发家致富的。在国有经济领域，一方面，一大批企业倚仗其行政垄断地位排挤其他参与者，谋取高额利润；另一方面，更有一些国企经营者和国家公职人员，通过种种不正当手段大肆侵吞国有资产。这些行为不是同时给他人带来财富的生产行为，而是减少他人财富的攫取行为，必然造成两极分化。

有不少人，过去支持分税制，现在反对分税制，理由竟然是分税制下地方政府拿钱少而做事多，不得不搞土地财政。但是，地方政府并不是没有钱才搞土地财政。土地财政的根本原因是土地产权归地方政府。产权归地方政府，土地收入怎么可能归老百姓呢？中国百姓收入增长低于GDP增长，一个极其重要的原因是土地等重要生产要素产权没有界定给个人。

不懂经济学的人，容易产生错觉，认为计划经济体制虽然缺乏效率，但是公平、没有两极分化。然而实际情况完全相反。首先，大家都穷，吃不起饭，这其实是更大的不公平与两极分化。其次，不可能大家都穷，吃不起饭，小部分人一定吃得好。我们看朝鲜，城市农村剪刀差不是两极分化是什么？一白二胖的少数官僚阶层与面黄肌瘦的广大工人农民之间形成强烈反差，不是两极分化又是什么？

政府利用二次分配，的确可以产生好看的基尼系数。但这得以司法独立、公正，并且权力接受广泛透明的监督为前提。即便如此，政府的二次分配也仍然有损效率，而且并不意味着就是真正的公平。

从避免两极分化的角度来看，完全不需要政府的二次分配。政府要做的是保护私有产权，推行法治。如此，任何获取财富的行为都会同时给他人带来财富，就保证了社会不会两极分化。

毫无疑问，社会有老弱病残等没有劳动能力或者遭遇不测的人，他们需要社会救助，需要政府有所作为，但是政府只应提供最低生存标准的保障。严格来讲，这是社会救助，不是以改善社会分配不公平为目的的二次分配。

无论如何，产权不能界定给个人，经济国有，权力得不到约束，政府介入具体经济活动，这才是造成两极分化的根本原因。经济国有，政府就不能不介入具体经济活动，法治也不能健全，官商们势必上下其手，两极分化于是很难避免。经验上，那些国有经济比重高的国家，收入分配不平等的问题要严重一些，而产权一直私有的国家就好得多。

所以，收入分配问题本质上乃是产权的问题。看到两极分化，看到老百姓收入增长跟不上GDP增幅，却看不到根本原因是产权没有清晰界定给个人，看不到是因为市场化还不够，这是不懂经济学。

2013年5月

土地财政根源在土地国有

《中国经济周刊》、中国经济研究院联合研究并发布《我国23个省份“土地财政依赖度”排名报告》，再次引起大家对土地财政口诛笔伐。很多人对土地财政痛恨不已，尤其是还没有买房的人。我无意评价土地财政好还是不好，那是价值判断，一百个人有一百零一个答案，因为有人睡了一觉又改变答案了。我要告诉大家的是导致土地财政的真正原因。

其实土地财政跟高房价没有关系。不是高地价导致了高房价，而是高房价导致了高地价。因为在终端市场上房子卖得火爆，开发商于是来抢地，从而拉高了地价。我们不要指责高地价，而是要思考，在终端市场上为什么房子卖得那么火爆。我经常举的例子是：在西湖边，白送你一块地，你不会盖了房子就便宜卖出去吧；反过来，你一亿元钱一平米买了地，盖了房子，你能够一亿元钱一平米卖出去吗？可见高房价与高地价的确没有关系。既然高房价与高地价没有关系，那么土地财政跟高房价也就没有关系。

为什么会有土地财政呢？有人说，那是分税制的后果。我们有些人，过去支持分税制，现在又回过头来反对分税制：说分税制下税收的大头被中央政府拿走了，但是事情要地方政府来做；地方政府没有钱，所以只能搞土地财政。真是这样的吗？我的问题是：难道你有钱，见到地上有50块钱，就不捡了吗？难道你有钱，有挣钱的机会，还不挣了不成？

土地财政的根源，在于土地产权国家所有。国家所有只能体现在政府所有上。土地产权归地方政府，它凭什么不获得这收入？土地产权本来就不归个人，个人又怎么可能获得这收入？不信，你有本事在土地私人所有的国家去搞搞土地财政让我看看。

所谓收入分配，本质其实是产权界定。有什么样的产权界定，就有什么样的收入分配。

总有人讲我国基尼系数高，收入分配严重不平等。他们不知道的是，造成这一现状的原因，并不是政府在二次分配中做得少了，而是在基础的产权界定上我们就存在先天的缺陷。

经济学有一个重要的概念，就是任何有价值的资源都不可能是真正的公有，产权最终都会落到个人。产权国家所有的本质是政府所有。但是政府不是仁慈的上帝，而是由利己的个人组成的组织。产权国家所有的实际后果，是把资产配置给了少数当权者。中国富裕者阶层尽管不乏凭才智和勤劳致富的经营者，但也确有相当一部分人发家靠的是官商勾结、权钱交易等“寻租”行为。那些权贵们，有多少能够保证不曾揩过国有资产的油？

经济国有，官商们势必上下其手，这才是造成两极分化的根本原因。那些曾经推行过计划经济体制的国家，收入分配不平等的问题就要严重一些，而产权一直私有的国家就不那么严重。事实上，世界上没有任何一个土地等生产要素公有的国家，它的老百姓收入增长快，是富裕的；反而倒是那些土地等重要生产要素私有的国家，百姓收入增长快，生活富裕。

倒不是反对土地财政。给定土地国家所有，出于追求土地收入最大化的目的，地方政府就会把土地资源配置到最有价值的用途上。反之，又要土地政府所有，又不让其搞土地财政，那么就没有办法将其配置到最有价值的用途上去，经济效率就会出问题，就会没有东西可分，这是比收入分配不公更严重的问题。孔子说“不患寡而患不均”，不对，没有收入可以分，是比有收入可分但是不公平更可怕的事，没有收入可以分配才是天下最大的分配不公平。

所以，你反对土地财政不是不可以，但是不能错误归结了土地财政的原因，更不能简单主张取消土地财政了事。你需要对土地产权这样的基础问题，做出自己的正确的思考和选择。

2013年9月

小产权大改革

没有人反对改革，然而什么是改革，要进行怎样的改革，分歧就巨大了。

我的观点明确：全部的经济改革，归根结底体现在、也一定体现在产权的变革上。

科斯定理讲：私有产权是市场的前提。就是说，没有私有产权，就没有市场，而要破坏市场，破坏其产权基础就可以了。当年政府要取消市场，搞计划配置资源，虽然不知其中道理，但经济实践告诉政府应该怎样取消市场。政府正是靠消灭私产，推行公产来取消市场的。这也是说，我们要建设市场经济，就必须向着把产权清晰地界定给个人的方向前进。

千万不要以为，我们是二十世纪九十年代才开始产权改革的。产权是使用权、收益权、转让权在人群中的某种配置。也可以定义产权权利束为剩余索取权和剩余控制权。以经济学的视角来看，重要的不是名义上的所有权，而是使用权、收益权和转让权的实际配置。无论是农村的家庭联产承包责任制，还是城市的利润留成、利润包干、经理人员持股和股票期权，本质上都是对于私有产权的承认。

联产承包责任制下的土地制度，虽然不是百分之百意义上的私有产权，但是联产承包责任制是在向私有产权靠近。城市的利润留成、利润包干、经理人员持股和股票期权，同样不是百分之百意义上的私有产权，但也是在向私有产权靠近。中国经济只是向私有产权和市场靠近了一点，经济就表现出巨大的活力。中国经济要进一步发展，方向只能是进一步承认并保障私有产权、推进市场化，而决不是相反。

既然重要的不是名义上的所有权，而是使用权、收益权和转让权的实际配置，你说土地是集体所有，然而既不能买卖，又不能用来盖房子，那么怎么体现农民的所有权呢？在这个意义上，小产权房其实是大的土地改革。虽然还不彻底（彻底的改革是把权利清晰界定给个人），但毕竟是在朝着把权利向个人做清晰界定的方向走。

难以理解的是，我们一方面宣称要建设市场经济，另一方面又不允许小产权房合法存在。其实小产权房是在坚持名义所有权不变的情况下，在把实际权利向个人做界定。这是实实在在的市场化改革。不允许小产权房合法存在，本质上是在反市场化。

有人批评村民选举贿选，殊不知，这其实也是在落实产权。不是口上说集体所有，就真的是大家共同所有了，农民要有从集体资产获取收益的机会。在实践中，农民不可能像私有资产的所有者那样，通过清晰的合约安排把资产的使用权让渡给经营者，并对经营者实施有效约束，以确保从资产获得可靠的收益。很大程度上，贿金正是其资产收益权的体现。

不要误会，我不是一般地说贿选好。但是你也要承认，贿选是在资产集体所有的约束下避免租值消散的手段。既要资产集体所有，又不让贿选，那么选什么人做村长呢？选政治正确的人吗？贿选不同，等于是把无主的资产按照贿金的价格“卖”给了当选者。虽然不能保证当选者就一定尽心尽力用好这资产，特别是使之服务于村民，但是至少可以把最有能力用好这资产的人选上来。我不否认存在财富约束，有人有能力只是暂时没有钱，可能没有机会当选。可是能力事前不好鉴定，而财富与挣钱的能力毕竟正相关，所以农民最经济的选择就是选举现在拥有财富的人。

如果不考虑财富约束，那么在竞争约束下，村民得到的贿金应该等于集体资产的市值。这等价于把资产清晰界定给个人，从而实现了它的最高价值。不否认现实中存在财富约束，而竞争也不可能是充分的，但是通过贿选，村民多少是实现了一定的收益权的。舍此，用什么办法行使农民们名义上所有的权利呢？

本质上，联产承包责任制就是小产权啊！小产权，大改革，这正是在朝着把权利向个人做清晰界定的方向前进。这也是中国渐近改革的题中应有之义，完全不应该反对。

2014年10月

坏的立法不如不立法

市场经济本质是契约经济，法治的地位因此被提到前所未有的高度。但是，并不是凡事用法律条款加以界定都是经济有效的，也不是应该用法律条款加以界定的事情就总能得到恰当的界定。什么事情应该用法律条款加以界定，什么事情不应该；需要用法律条款加以界定的事情是否得到了恰当的界定，这些都是法治极其重要的问题。

好的立法首先是一个实证的科学问题，而不是一个规范的价值判断问题。要不要立法、该立的法律怎样立才恰当，不能单从理想愿望出发，而要从立法的实际效果来看。仅有好的愿望是不解决问题的，更何况，常常是好心办坏事。法治有成本，即使一个法律规定会带来符合我们价值取向的社会结果，也不意味着这样的立法就是好的立法，当然就更不一定要立这样的法。

在这个意义上，《最低工资法》就不是好的立法。最低工资法没有增加劳动需求，反而减少了劳动需求，所以不可能真正提高工资水平。恰恰相反，它减少经济的就业量，降低经济的产出水平。1990年，美国宾夕法尼亚州议会通过36号法案，该法案要求公司对全部利益相关者负责。保护全部利益相关者的利益，这是多么冠冕堂皇、崇高而理想。像一部电影的名字——《看上去很美》，可是实际后果怎样呢？研究表明，该项法案的颁布不仅致使大批公司退出宾州，还导致在该州注册的上市公司的股价平均下降了4%。不但没有真正对利益相关者提供保护，反而影响了地区就业和政府税收。36号法案最终被人们称为臭名昭著的36号法案。类似这样不但没能达到立法者所宣称的立法效果，反而事与愿违的立法比比皆是。

法律实施不仅要求当事双方清楚事实，还要第三方（法官）清楚事实。不能被第三方证实的立法也不是好立法。全国人大常委会2012年12月28日表决通过新修订的《老年人权益保障法》，就不是一个好的立法。家庭成员当然“应该关心老人精神需求，不得忽视、冷落老人。与老人分居的，应经常看望或问候老人”。但是什么程度算关心，何种程度算冷落？经常是什么频率？每天、每星期、每月？没有客观标准，法律要怎样认定呢？关心到什么程度、经常到什么程度，法官如何知道？古人尚且知道清官难断家务事，可是人大的“大人”们似乎就是不懂。关心老人的事情，应让道德去做，无需用法律约束。如果法律能替代道德，那么我们无需道德。

法律虽然是强制实施的制度安排，但由于执行法律有成本，如果法律条款的执行成本太高，那么这样的法律条款就只会流于形式。比如我们立法规定，用工不能歧视妇女，这样的立法同样不是好的立法。不是说它规定的内容不符合我们的价值取向，而是说这样的法律条款执行成本高不可及，不可能有效执行。招聘工人，我不直接说只招聘男性，但是面试的时候把女性应聘者淘汰掉。明明我歧视妇女了，但你永远也无法证实。这样的法律怎么具有实施性？大量不具有实施性的法律的存在，只会让人们漠视法律的存在和权威，最终损害了法治社会的建设。如果法律执行成本过高，那么人们只会拿法律当儿戏。

而且理论上，对于违法行为也不是处罚越重越好。最直观的例子，不是把所有罪犯杀掉最好。道理很简单，那样的话，是在鼓励犯了小错误的人继续犯大错误、杀人的人杀更多的人。法律处罚过重，理性的个人不是想方设法规避这过重的处罚，就是扭曲行为造成新的危害。在我看来，2013年1月1日执行的新交规大幅提高处罚力度一定会带来不良后果的。

理论上，也不是法律越多越好，条款越细越好。美国法律制度“举世无双”吧，但美国的问题可能恰恰就出在立法过多过细上。对于发生在20世纪30年代的“大萧条”，弗里德曼认为主要原因在于美联储货币政策错误，货币量应加不加，应减不减。张五常则认为主要原因在于当时美国工会林立，福利主义大行其道，最低工资不低，重要的件工合约被判为非法，所有这些限制了劳动合约的选择。他的意思是，假如当时美国的劳动市场富有弹性，那么就算萧条发生，也不会那样大的；就算美联储货币政策错误，也不会造成那样严重的后果。

正如张五常所说："先进如美国，今天对土地产权的维护就出现了很大的问题。法律说一块地可以建什么说得一清二楚，但真的要兴建是另一回事。因为环保什么的，马路、水电等的手续动不动就要十年八载。这还尚在其次，只邻居联手反对，可以利用的土地很可能变为废物。""任何行业律师愈多，其权利界定愈有问题。美国的土地使用律师是一个庞大行业。"

诚然，立法质量很重要。但是在中国，谁来立法则是更为根本的问题。

新交规不仅大幅提高了违法成本，记分项也由38项增加至52项。新交规"闯黄灯罚6分"实施首日，司机们为避免闯黄灯急刹车导致追尾事故多发，而且由于担心闯黄灯，绿灯减速，通行速度降低还加剧了道路拥堵。要知道，改革开放前，中国交通信号只有红绿灯，没有黄灯。后来增加黄灯，就是要在绿灯与红灯之间来一个缓冲，让来得及刹车的人选择刹车等待，来不及的人选择快速通过。新交规"闯黄灯罚6分"就等于变相取消了黄灯，重新回到了红绿灯时代。既然黄灯和红灯的性质一样，还要黄灯干嘛？很难想象公安部不懂得其中的道理和立法的后果，或许考虑自己的权力和利益是错误立法的重要原因吧。所以，首先应该争议的，不是"闯黄灯罚分"对不对，而是公安部是否有制定这样规定的权力。像公安部这样的执法机构一旦僭越立法权，必然会出台增加自己权力、却不公正甚至危害社会的条款。

2013年3月

地方债务危机可以成为大好事

时下，举世关注中国的经济走势，而决定中国经济走势的一个重要变量就是地方债问题。无需具体数字，常识可以告诉我们，地方债问题非常严重。不过，对于严重的中国地方债务，世人只是看到其危害的一面，却没有看到其中包含的重大机遇。

中国的经济成功是市场化的成功。今天中国经济遇到的困难，不是市场化的问题，而是市场化不彻底的问题。问题之一，是十年来“国进民退”，国企上游垄断。大名鼎鼎的科斯定理说：私有产权是市场经济的前提条件。遗憾的是，即使是经济学者，也大有不谙其中深意的，又遑论普通百姓。他们一方面主张搞市场经济，一方面又主张发展国有企业。

他们不明白，基于私有产权的市场经济是不可能有过度投资和产能过剩问题的。私有产权下，你是拿自家的本钱，甚至身家性命在投资下注，个别的投资错误可能会出现，但是整个社会发生系统性错误的情况不容易发生。然而公有产权下就不一样了。国有企业花的不是自己的钱，下注的不是自家的身家性命，而是全国人民的钱和身家性命。这里根本就不是“崽卖爷田不心疼”，而是不大把花钱，有关人员自己怎么捞好处的问题。所以经验上，过度投资和产能过剩发生在国有经济比重高、政府介入经济活动深的国家。

许多人虽然知道，随着剩余劳动力用完，中国将被迫走上产业升级的道路，而这需要经济具有创新的能力。可是他们不明白，创新是需要私有产权做基础的。道理一点都不复杂：企业私人所有，那么我关心的不是你给我的回扣有多少，而是你的产品是不是物美价廉。然而国有企业却不会这样。你向私企出售产品，需要给回扣吗？我的一个私人企业主朋友说："我的企业谁要是敢吃回扣，那么只有一个结果，就是他走人。"但是你卖给国有企业产品，不给有关人员好处能签合同吗？交货收款的时候，你不给有关人员好处行吗？

许多人指责中国商业道德沦丧，可是他们不明白，商业道德沦丧是因为缺少讲求商业道德的产权基础。他们总是羡慕外资企业用了一个商标品牌就赚走收入的大头，而埋怨我们辛辛苦苦干活，却只能挣得小头。他们不明白商标品牌也是需要私有产权做基础的。孟子讲得好：无恒产者无恒心。我不过是在替你打工，今天这企业属于我，明天就不知道归谁所有，我怎么会在意企业的声誉和品牌价值呢？许多人还错误地认为，和计划经济相比较，今天假冒伪劣盛行，商业道德恶化了。这完全不对。市场化的过程一定是商业道德恢复和重建的过程。计划经济体制下表面上没有假冒伪劣，但人们出工不出力，商品匮乏，连假冒伪劣都没有，连问题食品都吃不上，那才是人类社会最大的商业道德沦丧呀！

须知，有价值的资源不可能真正公有，使用权、收益权等权利必须要配置给个人。在国有企业中，这些权利主要是配置给官员董事长总经理了，所以国有的本质就是官有。只是这种权利不是永久的，而是暂时的，以官员的任期为限。因此，要把国有资产重新界定给个人，阻力之大可想而知。改革就是利益调整，有利可图，谁愿意放下手中利益呢？所以我们观察到20世纪70年代是在国民经济濒临崩溃的时候才开始改革开放，20世纪90年代是在国有企业资不抵债的时候才真正开始变卖资产的改革。

中国不是联邦制，本质上任何地方政府的债务都是中央政府的债务。因此无论地方债务多么严重，都不会有美国底特律那样的政府破产的事情发生。但是中央政府也是负债经营，它拿什么买单呢？一种办法是超发货币。这对于中国经济当然是浩劫。另一种办法是将那些抵押借债的国有资产顺理成章地卖给私人。不知不觉、无法反对地就重建了中国市场经济的产权基础。

你要问：中国经济前景如何？我的答案是：要看你以怎样的方式处理地方债务危机了！

2013年8月

大学的产权性质与大学生就业难

近年来，大学生就业率持续走低，就业压力不断增大。

有趣的是，在大学生就业困难的时候，2004年以来南方一些地区出现了持续的招工难，媒体称为“民工荒”。“民工荒”与大学生就业难这冰火两重天的状况颇耐人寻味，也更需要解释。

在我看来，大学生就业难与“民工荒”乃是同一问题的两种不同表现形式，其实质是经济社会需要大量的具有一定的理论知识、熟悉某项操作与技能的实务型人才，但现实的教育制度却不能提供这样的人力资本。这就是大学生就业难和“民工荒”——而且是3亿农村剩余劳动力有待转移情况下的“民工荒”同时存在的唯一合理的解释了。

那么，为什么我们的大学不能供给社会需要的人力资本呢？以制度经济学的观点来看，答案在于大学的产权性质。我国的大学主体上是公立大学，公立大学的性质决定了我们的高等教育具有以下几个方面的特征和困难。

首先，公立大学名义所有权与实际所有权不一致，拥有实际控制权的是拥有剩余控制权的大学管理者，这使得他们行为的成本收益发生外溢，从而像过度扩招这样的事情就很难避免，最终影响了大学的培养质量。

企业和组织的所有权主要体现在剩余索取权和剩余控制权上。我们当然可以讲公立大学属于全体人民，或者某个地区的全体人民，或者这个大学的全体教职工，但由于交易费用的缘故，不可能让全体人民或者全体教职工共同行使这两种权利，做出所有的决策。公立大学的名义所有者并不能够真正行使所有者的职能，也就不是真正的所有者，至少不是完全的所有者。但是上述权利决不可能没有事实上的所有者，果真那样的话，租值就会消散殆尽，人类社会就无法生存，这是租值消散定理的含义。资产的上述权利一定在人群中进行了某种配置，这种配置一般是不对称的。就公立大学来说，学校领导和管理人员、教育部门的主管官员拥有的事实上的所有权要多一些，一般教职工拥有的事实上的所有权就少得多，普通老百姓呢，不是一点都没有，但几近于无，可以认为是零。

如果资产的名义所有权与实际所有权是一致的，那么该所有者行为的成本和收益就是对称的，一般不会有成本收益外溢发生，就不会有投资过度或投资不足问题发生，而且这个所有者一定会关注大学的长期利益，因为即使他的任期或者生命是有限的，他可以将大学未来的良好声誉贴现为现期收益。但是，如果资产的名义所有权与实际所有权不一致，那么作为主要以拥有剩余控制权的形式而拥有实际所有权的大学管理者，其行为就存在成本收益外溢的情况，就容易出现投资过度或投资不足的问题，而且也不容易关心大学的长期利益，因为这种情况下他不可能将大学未来的良好声誉贴现为现期收益。

公立大学名义所有权与实际所有权几乎完全不一致，所以中国各大学都大规模地建设高楼大厦和新校园，而在师资等方面的投资又明显不足，导致大学硬件一流，软件不入流。硬件建设成本由全体名义所有者共担，但收益更多地由以拥有剩余控制权的形式而拥有实际所有权的大学管理者分享，因而不容易不过度；软件投入虽然可以有效增强大学的竞争力，但是获得的收益将由全体名义所有者共享，未必能够最大化拥有实际所有权的大学管理者的个人利益，因而很容易不足。我们观察到的各大学的扩招冲动，也是因为名义所有权与实际所有权不一致而起。而且，在大规模新校园建设后的还贷压力之下，各大学的扩招冲动必然要进一步放大。

其次，公立大学内含高交易费用，从而限制了学术评价准则的选择。公立大学只能选择易观察、好量化的指标，也就是用文章、课题的数量和级别来做学术评价准则，使得大家都去搞理论，而不愿搞实务，造成实务型人才不足，理论型人才过剩。在这种高交易费用的约束下，大学的大规模兼并升级则进一步恶化了这种人力资本供给结构。

这里讲的高交易费用，是指公立学校内部为达成一致意见而产生的高额谈判费用。一个人花自己的钱，别人一般是不能有异议的。但是对于公立大学来说，管理者花得可不是自己的钱，这就不容易达成一致意见。我们观察到的政府、国有企业、公立大学中的论资排辈，就是一种节约公立组织高交易费用的制度安排。同样是因为要节约高交易费用的缘故，公立大学不得不更多地采用好量化、易观察的指标来进行学术评价，而且更多地采取事后评价的办法，比如从事后发表了多少篇文章、获得了多少个课题、刊物的排名、立项单位的级别等来进行科研评价。所以在芝加哥大学，戴维德可以仅凭口述传统就获得教授职位；在牛津大学，莫里斯可以在无名之时获得教授职位；在麻省理工大学，丁肇中年纪轻轻可以获得远远超过其预期的学术待遇，但在公立大学这样的事情就很难发生。在我们的大学，给院士、功成名就大学者很高的待遇可以，但要给一个成长过程中的年轻人就会引出非议。

公立大学不得不更多地采用文章、课题的数量和级别来进行学术评价。由于搞理论发表文章相对容易，搞实务发表文章困难多了，于是大家都去搞理论不愿搞实务。而且，因为这种评价重形式胜于重内容，实际上大家很难静下心来去真正做好理论研究。其结果，不仅大学之间学科结构趋同，而且培养的大都是些缺乏实际操作技能的理论型人才。对于私立大学来说，这种交易费用就低多了。可以推断，同样在中国，私立大学的应用型专业、实务性课程一定要多些，毕业生就业情况也一定要好些。

本来，如果是小学校，那么大家都搞实务，办应用型专业，也是可能的。然而一旦这样的办应用型专业的学校与办理论型专业的学校相合并，势必促使过去搞实务的人转而去搞理论。这样，大学的大规模兼并升级就使得学科结构进一步趋同，减少了大学生人力资本的差异化程度，使得本来就不足的实务型人才更加短缺，本来就偏多的理论型人才更加过剩，从而加大了人力资本供求结构之间的矛盾。

再次，大学和学术刊物的公立性质还使得“重形式轻内容、通过形式来度量内容”的学术评价准则严重噪音化，从而使本来就过剩的理论型人才的质量也没有了保障。

由于科学研究不是流水线上的标准化作业，很难直接度量，只能采取间接度量的方式，或者说只有间接度量才是经济的度量方式，就是通过科研成果的数量和发表刊物的级别和排名来间接地度量科研成果。这在公立学校、私立学校，东方世界、西方世界都是无可避免的选择。问题是，中国的学术刊物都是由公立的大学和科研院所所主办，因此这些学术杂志的经营者也会面临成本收益不对称的情况，难免不发“人情稿”，而发“人情稿”的老师又基本上属于公立大学，他人的揭发行为同样面临成本收益不对称的情况，因此一般不会有人来揭发。其结果，“好杂志”上发的并不都是好文章，一些重要专业杂志常常充满了烂文章，通过刊物的级别和排名来判断学术文章质量的机制被严重噪音化了。

而且，这种噪音化还具有自我加强的特征。一旦那些通过制造噪音而成“名”成“家”的人成为了“学术权威”和规则制定者，他们反过来就会把这些噪音化了的杂志规定为奖励刊物。而一旦噪音化达到相当的程度，形势甚至难以逆转。如果51%的人靠右行驶，那么我的最优选择就只能是靠右行驶；如果51%的人是通过制造噪音而获得职称的，那么选择制造噪音而获得职称就会成为每一个人的最优选择。于是“劣币驱逐良币”就要发生，办学质量就很难保证。本来就过剩、质量还没有保障的理论型大学生其就业前景自然就一片黯淡。我们观察一个学校学术刊物认定方面噪音化的程度，就知道这个学校学术噪音化的程度，进而也就可以推断这个学校教学和科研的真实水准了。那些把非学术刊物列为学术奖励刊物的大学，一定是二流的大学。我们观察一个学校是否强制学生听课，也可以知道这个学校学术噪音化的程度，也能推断这个学校教学和科研的真实水平——学生不学，一般来说是老师出了问题，真正一流的大学是不会强制学生听课的。

最后，给定大学的公立性质，行政干预就不能避免。但是行政干预不但不能从根本上解决上述问题，确保大学的办学质量，还会带来新的问题，甚至进一步影响大学的办学质量。

因为公立大学花的是别人的钱，别人就不能不对其进行干预。花别人的钱是不能没有婆婆的。谁来当这个婆婆呢？一般是政府主管部门。如果大学的资金和人事任免主要由教育主管部门说了算，那么各大学就不能不对教育主管部门负责任。问题是：第一，信息不对称，上有政策，下有对策，政府实际上很难对大学实施有效干预。今天大学里“填表工程”和“迎检工程”盛行，就是对政府干预能力的充分否定。第二，更为重要的是，政府官员同样是花别人钱的人，其行为成本和收益同样是不对称的，我们根本不能指望他们的干预一定会促成社会福利最大化。在工商领域，经验已经证明官员常常被企业“俘获”，多数的管制常常走向了政府所宣称的目标的反面；在教育领域，我们同样不能保证官员就不会被大学“俘获”，政府主管部门的行政干预就一定能够达到其所宣称的目标。第三，正是由于官员同样是花别人钱的人，同样不容易达成一致意见，因此政府也不得不采用易观察、好量化的指标来进行评价，这会对大学的工作造成新的扭曲，那些不易观察、不好量化的方面大学显然要被轻视了。

某种意义上，大学生就业难反映的其实是超前改革的经济体制与滞后改革的教育体制之间的内在矛盾，因此大学生就业难或多或少就是渐进改革方式下难以避免的阵痛了。可以预期，在大学生就业难的背景下，民办高等教育将会得到更大的发展，甚至高等教育对外开放的步子也可能加快。还可以预期，随着大学投资主体越来越多元化，由利益相关者组成委员会来治理大学最终将会成为现实，高等教育最终将形成面向市场而不是面向教育主管部门的办学机制。

2006年12月

师范生免费教育已不可取

网上报道，政府工作报告提出要在教育部直属师范大学实行师范生免费教育，教育部在2007年工作要点中明确提出，加强教师教育改革和发展，开展师范生免费教育试点。正在北京出席两会的人大代表和政协委员们纷纷为这项政策叫好，有人还呼吁，各地跟进最好。

不过，我们实在需要弄清楚两个问题：第一，实施这样的政策目的是什么？第二，为了实现既定目的，这是最好的政策吗？

主张这样政策的人理由有三：其一，近年来，城市的择校风一年胜过一年，成为一个久治不愈的顽疾。择校从根本上来说就是择师，择校说明我国优秀教师资源还缺乏。优秀教师短缺在农村表现得更加突出。免除杂费后，优秀师资不足正成为制约教育水平提高的突出问题。如果师范教育免费，就能吸引、培养出更好的人才，充实到教育队伍中，从而对基础教育产生良好影响。其二，这些年经济虽然不断发展，但不均衡，西部、贫穷落后地区有许多好孩子没有条件上大学读书，国家要是能把师范类学生的学费免了，就能够让困难家庭的孩子到这类学校完成学业。其三，如果师范教育能够免费，也能够在社会上树立起崇尚教育的风气。况且师范教育具有公共产品的属性，师范教育免费政策出台，是我国落实教育优先发展战略、促进教育公平的一个积极信号，也是政府公共服务职能的一种回归。

师范教育免费真的能把优秀学子吸引到师范院校来，并把优秀人才充实到教师队伍中去吗？师范教育免费真的能够有效解决贫困家庭孩子上大学难的问题？师范教育免费真的有助于在社会上树立起崇尚教育的风气吗？

也许吧。先来回答第一个问题。不是说一点作用也没有，但不会大，几近于无。20世纪80年代，师范教育就是免费的，政府每月还给同学20元生活费，不过那时候其他高等教育也是免费的。但90年代初，其他高等教育开始收费的时候，师范教育仍然是免费的。扪心自问，有多少人是因为师范教育免费而选择报考师范院校的？教育也是投资，我们怎会仅仅因为一项投资的成本低一点，就选择该项投资？我们真正要选择的一定是那些预期收益与投资成本的差额最大化的投资项目。由于大学毕业后的预期总收入远远超过了大学的学费支出，因此与其说是大学学费收入影响着我们的学校和专业选择，远不如说是将来职业的预期收入在决定着我们的学校和专业选择。

如果说计划经济下师范教育免费还能够把优秀学子吸引到师范院校来，还能够把优秀人才充实到教师队伍中去，那么市场化改革到了今天，还要用老办法来达成相同的目的，那就无异于刻舟求剑。计划经济的时候，各种职业的预期收益差别不大，免费师范教育自然是有吸引力的。但市场经济不一样，各行各业工资收入差别大了起来，人才地域流动和职业自由转换也越来越容易了。如果教师的待遇不能根本提高，仅靠师范教育免费，怎么可能真正把优秀学子吸引到师范院校来？就算能够把优秀学子吸引到师范院校来，又怎么能够真正保证最终把优秀人才充实到教师队伍中去呢？

君不见，从20世纪80年代中后期开始，多少中小学老师挤破脑袋转行离开教育行业，甚至不少大学老师也是。这可不是因为师范教育没有免费的缘故。人的双眼长在面前，而不是长在脑后，过去的永远都是历史；理性的个人面向未来作决定，而不会面向过去作决定。今天，大城市里教师职业又变得炙手可热，这也不是因为师范教育免费的缘故，不过是因为教师职业的收入相对于其他职业的收入高起来了的缘故。

此一时，彼一时，今天我们要想把优秀学子吸引到师范院校来，把优秀人才充实到教师队伍中去，搞免费师范教育实在不是行之有效的办法了。在我看来，唯一行之有效的办法只能是大幅提高中小学教师的待遇，尤其是落后地区中小学教师的待遇。

有政协委员建议：国家每年在全国重点师范大学拿出2万个招生名额，为农村和薄弱学校定向培养教师，吸引最优秀的贫困生来报考，毕业后到农村去服务。这位政协委员算过账，以每个学生2万元计，国家财政每年只需投入4亿元左右。如果每个省也实施相应的措施，在省属重点师范大学拿出5千个名额，由财政投入1亿元，每年就可为全国培养15万名教师。手头没有准确的数据，不知道把这些钱用于提高落后地区中小学教师的工资是否能够起到足够的激励。不过我要提醒的是，不要以为定向培养就真的可以解决问题。20世纪90年代初，师范院校收取非师范院校一半的费用，但要求学生毕业后一定要从事教育事业，否则就要退还部分学费。一些学生毕业后为了不还学费，又不干教育，就假装到教育单位工作，其实去了别的单位，或者干上一年就跳槽。至于教师从不发达地区流向发达地区就更不在少数。此情此景，我们怎会那么快就健忘了呢？

回头来说贫困家庭孩子上大学难的问题。我认为，这个问题还是要靠健全和完善助学贷款和奖学金制度来解决，甚至可以考虑对贫困学生进行直接学费补贴的办法，这些都是更有针对性和行之有效的做法。理论上，依靠师范教育免费是不可能真正解决贫困家庭孩子上大学难问题的。我并不贫困，也不是为了将来做老师，但就是要报考师范院校，而且考分还高，你怎么办，不录取我吗？录取的话，谁又能保证贫困家庭孩子考分一定比我高？又怎么保证我一定去教书，特别是到边远农村去教书？再说一遍，今天我们已经没有了控制人们职业选择的直接手段了，我们制定和执行政策的时候不可以不考虑这一重要约束。

至于说在社会上树立崇尚教育的风气的问题，我认为，归根结底还是要靠提高教师和科技人员工资的办法来解决。历史上，我们曾经出现过脑体倒挂的年代。那个年代，也提倡崇尚教育、崇尚科技，但人们的回答很干脆：下海经商去。

政府应该重视教育是一回事，实施怎样的政策才能有效解决贫困家庭孩子上大学难的问题，实施怎样的政策才能落实教育优先发展战略，在社会上树立起崇尚教育的风气，完全是另外一回事。我们制定和实施政策，不是有一个好的愿望就万事大吉，必须要充分考虑政策的实施成本和可行性。就算实行免费师范教育多少是有益于问题的解决的，我们还是不能简单地就肯定和推行这项政策。如果资源是无限的，那么我们尽可以大搞免费师范教育，甚至可以大搞免费高等教育。问题是资源是有限的，于是我们必须要寻求最有效率的解决办法，不然就是浪费，就是无效率。

为了解决贫困家庭孩子上大学难的问题，与其将有限的资源用于搞免费师范教育，不如选择健全和完善助学贷款和奖学金制度，以及对贫困学生进行直接学费补贴这样的更有针对性的办法；为了把优秀学子吸引到师范院校来，最终把优秀人才充实到教师队伍中去，与其将有限的资源用于搞免费师范教育，不如用这些钱来提高中小学教师的待遇，特别是偏远和落后地区中小学老师的待遇。

2007年4月

绩效工资制度在大学不可行

前段时间，国家要求事业单位推行绩效工资制度。不了解别的单位，但我一直在大学工作，对于大学是略知一二的。近日从网上看到，北大也开始实行绩效工资，不禁悲从中来。如果连北大都要实行那所谓的绩效工资，那么中国大学的最后一线希望怕是也要破灭了。

既是绩效工资，当然要以对绩效做出度量为前提。但要怎样度量大学老师的产出呢？

大学老师的工作，一是教书育人，二是学术研究。二者当然有联系。

先说教书育人。要怎样度量教书育人工作呢？是度量课讲得多，还是度量课讲得好？是度量教案写得好，还是度量老师对待学生的态度是否和颜悦色，又或者是度量老师布置的习题是否经过精心挑选、批改作业是不是认真仔细？怎么度量？每一堂课都去听吗？每一篇教案都查看吗？且不说这样做代价太高，得不偿失，单说找谁去听课、派谁去查看教案都是大问题。

大学生吗？他们是老师教书育人劳务的消费者，按说他们最有积极性对老师做出评价。可是大学生本身又是老师培养的对象，被培养者是不具有完全评价培养者的能力的。实践中，不少学校推行过学生评教制度，但结果常常是放水的老师评价高，严格的老师反而评价低。

让他人去做评价吗？就算他人有做出正确评价的能力，又怎么有做出正确评价的激励？跟自己利益不相关，傻瓜才会认真去做评价。实践中，不少学校推行过本科教学督导制度。聘请一些退休教授，随机听老师的课。可是实际效果又怎样？不需要我在这里多说的。

说说自己的经历吧。我上大学时，有位顾永兴老师，他是系主任，给我们八位同学讲《值分布理论》。一学期的课，也就讲了那么两三次。其余时间都是我们自己看、自己讲，他则坐在下面听，不时地用他那浓浓的江苏口音问“为什么”。你去问他问题，他也不回答，还是让你讲，只是不时地问“为什么”。几个“为什么”下来，你觉得似有所悟，又觉得实在是自己想得不细致，于是告别老师，得了宝似的带着问题回去思考。过了一段时间，觉得这个问题想得差不多了，再去问他。而他呢，给你的还是那带着浓浓江苏口音的“为什么”。不知要怎样对顾老师的教学进行考核，但过了不惑之年的我，知道从顾老师那里收获的最多。

也不能拿最终“产品”——学生——本身来对老师的教书育人工作进行度量。且不说什么样的学生才是将来会成才的好“产品”更不容易分辨，学生是众多老师共同“生产”出来的，就算能够分辨什么样的学生将来会成才，也不容易分解老师间的贡献。

是的，我不否认各学校的教学督导对教学有一定的促进作用，但要把它作为对于老师的考核，那就困难了。坚持的结果，一定会产生扭曲的。我不否认对少数讲课特别出众或者少数讲课特别差的老师做出界定并不太难，但要对全部老师的教学做出正确评价，成本一定会超过收益。

再说学术研究。现代学术已经不是早先的隔行如隔山了，就是同行读起文献来也不是容易的事，因而学术评价只能由同行来做。这样一来，教学评价的那些问题多多少少也都要出现。怎么保证同行评价者不打压竞争者？让利益不相关的同行来评价吗？他自己的事都忙不过来，哪里有功夫为你做认真的评价？

我们的职称论文是要找校外专家外审的，然而结果怎样呢？但凡在大学待过的人都知道。大学里不是一度流行博士生导师水平不如博士生的说法吗？我们的学位论文也是要找专家来外审的，结果怎样不用我在这里多说了。那些做过学术杂志匿名审稿人的朋友，你们是否有过这样的心理：尽可能找到充分的理由把文章枪毙掉。因为好东西被枪毙了，审稿人是不承担风险的，但如果让一个有问题的文章发表出来，那么审稿人是要承担相当大的风险的。

不要以为，专家学者就会为真理和学术而献身。告诉大家吧，在利益问题上，在成本收益计算上，专家学者、官员、企业家、小商小贩是没有两样的。所以，诺贝尔经济学奖成果多数并没有发表在公认的最顶级的《美国经济评论》上。

但相对教学评价，学术评价又有容易的地方。毕竟，我们有数文章篇数、看其发表在什么刊物上的“傻子”度量办法。再则，学术评价是对于水平的考核，而教学评价不是。水平这种东西，一旦上去了，就不容易掉下来，我们无需年年对其进行考核。

不要批评大学不对教学进行度量，科研考核就是对于教学的间接度量。一个学得通透的人，不可能把问题讲不明白，而一个很容易可以把课讲好的人，是不会刻意把课讲差的。

天天抓教学考核的大学，一定不是一流的大学。这是又一个“谢氏命题”了。

我们需要对教学进行考核，那是因为我们的科研考核出了问题。说得明白一点，是因为我们的假教授、假博士太多了。为什么我们的假教授、假博士太多，这当然是重要的话题，但却是另外的话题了。这里暂且不说。

但是学术考核，仍然是困难的。既不能不考核，又不能过度考核。过度考核，当事人就会作假，因为界定作假的成本实在太高。过度考核，当事人就只能去做短平快项目，而不去思考重大原创项目，因为后者风险太高，很可能一事无成。正如朱锡庆教授所指出的：“中国大学里层出不穷的造假事件，不是学术道德沦丧的结果，而是那一套极其愚蠢的定量评价制度逼良为娼产生的制度败象，当然，在这一过程中学术道德也跟着沦丧了。”

是故，美国大学发明了终身教授制度。获得终身教授之前，是要严格考核的，非升即走。一旦成为终身教授，就不再对其做学术考核了。我们不要以为，不做学术考核，教授们就不做学术研究了。一个人，辛辛苦苦读了30年书，拿到博士学位，要再辛苦地做6～10年，才能拿到终身教授。一路下来，进行学术思考已经成为他的习惯，变成一种生活方式了。正如毛泽东，一辈子读书，行军打仗读书，当了国家主席还读书，上厕所都读书。又如科斯教授，一百岁了还关注学术。再如张五常教授，七十几岁的老人，每周要写5000字的文章。他们都不是为了钱，科斯教授将平生所得用于资助真实世界经济学的研究，张五常教授每隔几年拿出几十万元举办学术会议。不让他们读书思考，可能反而是一件困难的事情。

当然，上述结论是有条件的。条件之一，是教授的待遇一定要足够优厚。

不对终身教授再做学术考核，他们做学术研究的激励可能有所下降，但是他们做假学术的激励也下降了。不会因为不写文章就降你的级，少给你发工资，为什么要做假学术呢？

问个傻问题吧：为什么我们管一些单位叫企业，管另一些单位叫事业单位？当然是因为它们的治理结构不同了。之所以治理结构不同，核心正在于产出的度量难度不一样。黑格尔讲，存在即合理。我的问题是：为什么政府机关和事业单位具有论资排辈的传统，而企业则少有？假如大学产出可以像企业产出一样度量，那么我们完全可以像治理企业一样治理大学。假如一切产出的度量问题都是一样的，那么天下只需要一种治理结构就行了。

中国高等教育的问题，在于大学的公立性质，在于过度的行政干预。学科审批、经费划拨，一切都要由行政部门根据其设定的指标说了算。老实说，全国统一评定职称，教授多少级，副教授多少级，已经是倒退了。

现在全国推行绩效工资制度，这是把行政干预推到极致了。我们的大学管理者是懂得怎样办高等教育的，但公立和行政干预使他们动弹不得。学数学的人都知道，约束太多不会有解。可是正如一位德高望重的老教授所讲的：行政干预一开始是要做意识形态控制，但是到今天已经变成既得利益者的设租行为了。改之谈何容易！

2010年7月

转型中的中国经济

中国经济问题很多，但是三十年的高增长，老百姓生活改善那么多，一定有做对的地方，当然也有偶然的运气的成分。

哪些是偶然的运气，哪些是我们做对的地方，做对的地方是特定条件下的一种对，还是一般的对，存在的问题到底是什么，如何克服这些问题——厘清这些，对于未来中国经济具有重要意义。

中国工业化、城市化之路须转型

我们一直在探索有效的工业化、城市化之路。殊不知，中国走过的恰恰是一条最有效的工业化、城市化道路。这条道路是：土地国有，政府利用其强大的动员资源的能力，征地补偿，铺管线，建道路，完善基础设施，然后招商引资吸引企业来经营。

设想有两种建设商场的模式：一种是全体租户集资协商建商场，然后在建好的商场内分配摊位经营；另一种由第三者建好商场，然后招商引资吸引租户来经营。试问：哪一种模式更有效率？毫无疑问是后者。一座城市、一方经济不正是一个大商场吗？中国的工业化、城市化走过的正是一条由第三方（政府）建商场，然后招商引资吸引企业来经营的道路。

当然，这条道路也有副作用。从政治和社会角度看，这条道路难免充满暴力和血腥。从经济角度看，首先，这个模式会产生资源过度利用和产能过剩，并且还有低效率发生——国有资产非官员私人资产，官员使用国有资产是使用他人资产，使用他人资产都会存在过度，使用他人资产都会存在低效率；其次，这个模式会产生消费压抑——土地等重要生产要素国家所有，就剥夺了老百姓的资产收入，收入上不去，消费必然受到压抑。

如此，依靠土地等重要生产要素国家所有，大规模建设基础设施然后招商引资的工业化、城市化之路要获成功，就需要两个前提条件：第一，要有国外需求能够吸收国内过剩的产能，否则就会出现紧缩，再生产循环就不能完成。第二，要有庞大的剩余劳动力抵消因土地国有而产生的扭曲。资源国家所有，必然带来扭曲，但是这种“扭曲”通过外资的流入让国外的技术、管理、关于生产和市场的知识与我们众多的人口相结合，形成现实的生产力，通过干中学有效积累了人力资本，在生产的产品能够被有效吸收的情况下，保证了收益跑赢成本。

华尔街金融危机之前，因为有西方高消费、超前消费的强大吸收，农村又存在庞大剩余劳动力，因此依靠土地等重要生产要素国家所有、大规模建设基础设施以及引进外资形成巨大生产能力发展经济的模式是高效率的。但是金融危机后国外吸收降下来了，国内又出现刘易斯拐点，剩余劳动力已用完，这一发展模式的成本收益于是逆转。如今中西方都面临结构调整的重任：西方要降低其不可维持的高工资、高福利；中国则要把依靠出口和投资拉动经济增长转到依靠消费、投资、出口共同拉动经济增长，特别是依靠国内消费拉动经济增长上来。

但是消费的背后是收入。土地等重要生产要素国家所有，就剥夺了老百姓的资产收入。没有收入增长，消费不可能真正提升，经济就还得依靠投资拉动，结构调整就不可能完成。把土地等重要生产要素的产权界定给个人，不仅可以让民众获得资产收益，有效增加其收入，刺激国内消费，实现增长方式转变，而且也增加了吸收过量货币的广阔天地，可有效抑制房地产泡沫。

中国的工业化、城市化之路过去是成功的，但是过去的成功之路已经不再是未来的成功之路了。当前中国面临的不只是增长方式转变的问题，而是需要发展模式的根本转型。

2013年11月

剩余劳动力判断与土地流转的迫切性

有戏言称，对于很多经济问题10个经济学家有11个答案。关于农村剩余劳动力的判断就属于这样的问题。剩余劳动力判断不但关系城乡发展模式的调整，而且涉及经济发展前景的判断。可是不同人从不同视角对剩余劳动力的估计结果大相径庭：从几千万到2个亿，差异可谓大矣。

既然说剩余，首先要确定剩余与否的标准。理论上讲有两种界定标准：一种把边际生产率等于零的劳动者称为剩余劳动力。通俗地说，就是认为这部分人即使不参加农业生产也不影响农业产量。第二种把边际劳动收益低于非农边际劳动收益的农村劳动者称为剩余劳动力。因为这部分劳动者选择非农生产会获得更大的收益，最终他们会选择转移出去的。

大部分人选择第二种标准。从理论上说这种界定是明晰的，剩余劳动力=农村劳动力数量-农业劳动力需要量，但在实际计算时会遇到种种问题。有学者选择人均耕地面积跟我国比较相似的国家，来确定我国农业的劳动力需要量。然而这种方法漠视了国别差异，合理的农业劳动力数量不只是劳动力与自然资源的合理配置问题，还包括制度及技术水平等因素。

中国的问题是农民的土地不能流转买卖，以及存在户籍制度等城乡二元分割。如果以户籍所在地为口径计算，只要是农村户籍的劳动者就算是农业劳动者，那么必然高估剩余劳动力。如果用居住地口径估计，若在外地居住半年到一年，就算常住人口。由于农民工常常在农忙的时候短时间回去种地，因此又存在着对农村剩余劳动力的低估。事实是以职业衡量的城市化跟以身份衡量的城市化远不同步。以户籍为口径就有很多不从事农业的农民被算作了农业剩余劳动力，以常住地为口径又少了很多一生中有时从事农业的农民。

这些估计最大的问题在于忽视了留在农村从事农业的劳动者跟走出农村从事其他行业的劳动者的人力差异。我们利用同学所做的家乡调查表明：当下农村劳动力的实际情况是，出去的是精壮、受过较好教育的年轻劳动者，留在农村的是年龄偏大、受教育水平低的劳动者。能够流出农业的劳动力已经基本流出去了，留下来的是那些本来就没有能力流出去的人。而且农忙回去种地的农民工越来越少，土地荒置十分严重。这意味着剩余劳动力被高估了。

我们的调查显示，中国的剩余劳动力已经用完，中国已经处在工业化和城市化的尾声，正在进入后工业化时代。事实上，频频出现的“民工荒”正是对于这一事件的预警。

既然剩余劳动力被高估了，那么农业经营模式必须转变，一家一户的小农模式将受到冲击，而土地流转和取消户籍制度则具有相当的紧迫性。土地不能流转的后果，要么因为老弱残病不能种好，要么因为没人种而荒置，两者都是对于土地资源的巨大浪费。而且如果外出的农民工因为家里土地和老人孩子的牵挂，不得不抽时间回去种地和看望老人孩子，这实际上抑制了分工和专业化的深入，不利于经济发展和收入提高。

无疑，土地流转还有更重要的意义。它能够为货币提供蓄水池，抑制房地产价格过快增长，从而降低工商业成本，提高经济的竞争力。土地流转还可能改变城市化方向，不再是现在的农村人口向城市单边的流动，富人也可能向大城市周边城镇流动。这可以有效减少城市病。

给定剩余劳动力被高估，那么从人口结构变化的角度看，中国的房地产可能在拐点的边缘，中国的高增长有泡沫经济、虚假繁荣的成分。的确，当前的增长是在货币过快增长、债务巨幅膨胀的情况下实现的，因而其可持续性要大打折扣。虽然与土地流转相伴随的富人向大城市周边城镇的流动聚集对经济是一种促进，但如果经济的创新能力不能尽快得到提高，那么经济增速以较大幅度下滑可能是无法避免的，并且可能就在不远的将来。

2014年5月

没有贸易顺差，老龄化时我们喝西北风

一个人，身强力壮的时候要做些储蓄以备老来之用。在一个人口结构正常稳定的社会里，中年人储蓄，老年人、青少年消费，等中年人老了的时候，他们的孩子又成为中年人，而孩子们的孩子则成长为青少年，新的中年人储蓄，老年人、青少年消费。这样的社会，作为家庭和社会整体可以不储蓄。这样的社会，不需要借助国际社会来实现总供给和总需求的平衡，可以追求国际收支平衡，可以不要贸易顺差。

但是中国的人口结构不是正常稳定的状态。中国在20世纪60年代经历了一波婴儿潮，人口增长率维持在20%~30%的水平。70年代，推行计划生育。到了80年代，60年代出生的那一波人开始娶妻生子，于是产生又一波婴儿潮，人口增长率维持在15%左右的水平。两波婴儿潮，尤其是60年代的婴儿潮，推动了中国人口结构的巨变。在过去二三十年的时间里，中国适龄劳动人口比重不断攀升，到2004年，一度达到了72%。

适龄劳动人口比重增加，意味着少儿抚养比和老年抚养比相对下降。中国少儿抚养比远低于正常水平，整体呈现出显著的青壮年特征。你坐欧美航班，机上哪里有空姐，都是些空嫂、老太婆。中国则不一样，飞机上不仅是空姐，而且是漂亮的空姐。各大火车站，人头攒动，好不壮观。上车的时候，把人挤出一身大汗。这些挤车的人，不是二三十岁的年轻人，就是四五十岁的中年人。

像我这样的六零后，敢不大规模储蓄吗？我们的孩子，将来头顶上少则4个，多则6~10个老人，我们能够指望孩子给我们养老吗？说实话，他

们将来能今年在这家过个年，明年在那家过个年就不错了；生病了，能抽个时间来看我们一下就了不得了。将来，年轻劳力光是照顾老人恐怕都不够，年轻劳力会昂贵得惊人。我们必须压缩消费，大幅储蓄。中国社会必然在整体上呈现储蓄大于投资的局面。

作为国家整体，储蓄大于投资就要表现为贸易顺差。生产100斤土豆，自己只吃50斤，其余50斤要储蓄起来以备将来养老。但是这50斤土豆又必须在市场上实现其销售价值，否则再生产就不能实现循环。这50斤土豆便需要外国人来购买，这就表现为我们的外贸顺差。在这段时期内，中国经济是不可能靠自身维持充分就业下的均衡增长的；没有外贸顺差，中国经济不可能实现持续高速增长的。

过去二十多年来，中国经济就处在这样的时期。目前，中国经济仍然处在这样的时期。

不否认，我们的贸易顺差有政策扭曲所致的成分，这种成分还不小。例如，由于土地等重要生产要素国家所有，这就剥夺了老百姓的资产性收入，老百姓收入不能有效增长，势必产生消费压抑。又如，由于国有经济比重高、政府介入具体经济活动深，经济软预算约束严重，投资冲动，这也势必产生消费压抑。因为这两方面的原因，中国会出现高储蓄的倾向。但是我们要清楚，即使没有政策扭曲的因素，中国仍然会是一个高储蓄的国家。

这是一个享受巨大人口红利、呈显著青壮年特征的国家在进行储蓄。储蓄，是为了应对未来老龄化的到来。我们获得了贸易顺差，拿它做国外投资，投资收益可以为我们在老龄化时代支付贸易逆差。当然，有了贸易顺差，并不意味着我们就能用好贸易顺差，投资并不是总赚钱。但谁来使用，如何使用贸易顺差，这是另外一个问题。不能因为我们使用不好贸易顺差，就说贸易顺差不好。我们拥有的是众多的人口，但是人口本身是不能储藏的，今天人口是资产，可以创造收入，五十年后，这些人口还是资产吗？还能创造收入吗？人力不能储藏，于是人们趁年轻努力工作，生产产品和劳务，然后出口一部分换得收入储蓄在那里，以备将来养老之用。

出口、贸易顺差，这是人们在用一个迂回的办法储藏青春、储藏劳力。这是高级智慧，怎么可以指责？一个人储蓄可能不理性，十三亿人怎能都不理性？今天，我们享受人口红利愈大；未来，老龄化问题也会愈严重。那个时候，我们的消费率自然会上升，储蓄率自然会下降，经济的储蓄就会小于投资，贸易收支一定会呈现逆差的。

也不否认，过去我们的高外贸顺差与西方国家货币超发、赤字财政、高工资、高福利，透支未来是有关系的。今天，整个世界都在结构调整，偿还过去透支的账，因此我们的出口再也不可能像过去那样达到28%的增长了。我们将不得不调整结构，从更多地依靠出口、投资拉动经济增长转到依靠出口、投资、消费共同拉动经济增长，特别是依靠国内消费来拉动。但必须强调的是，出口、贸易顺差对于中国经济来说仍然是至关重要的。

并非重商主义的信徒，更不是葛朗台式的守财奴，但我反对简单的平衡国际收支的主张，反对简单的平衡贸易收支的主张。尤其反对的，是用汇率来平衡中国的贸易和国际收支。汇率不是决定一国贸易收支的主要因素。重要的是实际汇率，而不是名义汇率。实际汇率短期可能高估或者低估，但是长期不可能。那些将一国出口控制在GDP的4%以内的主张，尤其是用汇率的方式，不是无知，就是别有用心。

本来就不是汇率的问题，为什么要让汇率来平衡国际收支呢？再说了，什么是国际收支平衡？是每年平衡呢，还是十年平衡？又或者是三十年平衡？一个人当然不能永远负债的，也不会永远借别人钱的，但预算的平衡可以不必局限于特定年份，而是可以一生来考虑。一个国家，国际收支的平衡问题也要在更宽泛的视野里来看待。不是要否定国际经济学中各种要求平衡的恒等式，而是这些恒等式并没有考虑经济现实中作为起点的不平衡。教科书强调国际收支平衡，但教科书不是为人口爆炸式增长，而后又推行计划生育政策的中国而写的。中国的人口在短短几十年的时间里从五六亿一跃而增加到十三亿，这本身就是一个巨大的不平衡。中国人口占世界总人口的五分之一，却只占有远低于世界五分之一的资源，这本身就是一个巨大的不平衡。起点不平衡，终点怎么可以平衡？那样的平衡本质上岂不反而是不平衡了？

毛泽东讲："人屎可以喂狗，狗屎可以肥田。教条主义呢，既不能喂狗，又不能肥田，狗屎不如。"倘若教条主义仅仅是狗屎不如，倒也没有什么，问题是如用其指导中国的经济实践，未来人民就得喝西北风去。是的，没有今天的贸易顺差，老龄化时我们只能喝西北风。

教条主义可恨，别有用心可恶。应该放弃鼓励出口的各种扭曲性政策，更应该取消壁垒放开进口，但是绝对不可以采用限制出口的办法来平衡贸易收支。尤其不要把货币超发、通货膨胀的账算到贸易顺差上去。如果这些年的货币发行量正好等于外汇占款，那么可以说通货膨胀是因为贸易顺差导致基础货币投放过多而起。做个减法好了，看看这些年的货币发行量与外汇占款的差额吧。事实上，货币发行量远远大于外汇占款。即使这些年的货币发行量正好等于外汇占款，也不能说通货膨胀是因为贸易顺差导致基础货币投放过多而起，因为有人民币升值预期下热钱大量流入导致的外汇占款增加，而那显然不是贸易顺差的过错。

2011年9月

劳动成本上升只会有利于经济增长

有人说：劳动成本上升给制造业带来困难，不利于经济增长。这个说法不全对。

在没有人为干预的市场上，工资等于劳动的边际生产率；劳动成本上升，一定是劳动的边际生产率提高了。企业不是福利机构，老板不可能赔本给工人发工资。你要创造3000块的价值，老板才能给你3000块的工资。生产率提高，这只会有利于经济增长，而不是相反。

如果没有制度阻碍劳动自由流动，工资又由市场决定，那么这个企业因为劳动成本上升做不下去了，一定是劳动在另一个企业创造了更大的价值——不可能任何人生产率都没提高，却有人工资提高了。众所周知，劳动从农业部门流向工业部门导致经济增长，因为工业部门的劳动生产率高，农业部门的劳动生产率低。我们看到劳动生产率提高经济会高增长，可是我们忽略了劳动生产率提高和劳动成本上升其实是一回事。试问：农民种地的收入高，还是打工的收入高？

逻辑上，在一个没有人为制造的高工资、高福利的国家，劳动成本愈高，经济增长应该愈快才对。我们看到西方国家劳动成本高，经济竞争力低，这只是表象。西方经济缺乏竞争力，不是劳动成本高本身的错，而是因为他们的高工资是人为拔高的，而不是市场决定的。

中国没有人为的高工资、高福利，劳动成本上升不过是劳动生产率提高的结果，怎么会对产业造成危害呢？怎么会减弱经济增长呢？当然不是完全没有人为的拔高，公务员的工资就被人为拔高了，而最低工资、工资集体协商也正在开坏政的头。但是作为主体的工人，其工资还是由市场决定的，而最低工资、工资集体协商的危害也没有到严重的程度。

中国要思考的是到底什么制约了劳动的自由流动。像广东、浙江等沿海地区，劳动成本到底有多少是户籍、医疗、教育等制度推高的？为什么中西部低成本的劳动不能流向沿海地区？如果说企业内迁到中西部能够雇到低成本的劳动，那么沿海的劳动成本上升就与高房价、户籍限制、孩子上学难等问题大有关系，是它们制约了劳动从中西部流向沿海地区，减少了沿海的劳动供给，导致企业经营困难。如果我们不区分劳动成本上升的原因与性质，简单把制造业的困难归结为劳动成本上升，那么就会误判中国制造面临的困难，开出错误的政策处方。

我们有些人，不负责任地主张将劳动密集型企业转移到中西部地区。假如你做内需，那么转移到中西部去没问题，但要是做外需的话，那是绝对不行的。在古代，经济中心原本在中原，为什么到了近代转移到了沿海？很重要一个原因是当今是全球化时代。面向全球生产，沿海具有天然的优势。想一个简单的道理：是把人转移到沿海来生产成本低，还是将原材料和产品运来运往在内地生产成本低？难道古代的中原人勤劳智慧，而他们的子孙却懒惰愚笨不成？亦或是古代的沿海人愚笨懒惰，他们的子孙却又勤劳智慧不成？这不符合遗传规律嘛！

中国要想办法通过制度变革把沿海的生产生活成本降下来，而不是把产业转移到中西部去。但现在我们好像在向相反的方向走。

中国还要避免人为拔高工资和福利。想明白其中道理并不难。如果通过人为拔高工资和福利就能改善百姓生活，那就把最低工资规定到每个月10万块，岂不是我们个个都成了亿万富翁？

与劳动生产率提高相伴随的劳动成本上升永远都是好事。若说一国增长的基础是低劳动成本，那岂不是成了笑话：为了经济增长，倒要有意地压低工资收入了？而压低了工资收入，经济就总是能高增长了？可实践已经给出了明确的答案：高增长不在劳动成本更低的非洲，而在劳动成本相对高的中国。何况，我们发展经济不就是要让百姓过上好日子吗？如果劳动成本不上升，那么老百姓的收入水平怎么提高，怎么可能过上好日子？但是，要克服和避免劳动生产率提高之外的其他因素对于劳动成本的推动。任何劳动生产率提高之外的因素导致的劳动成本上升都只会给经济带来噩梦，最终让人民失去好日子。

切记，不是劳动成本上升本身造成了中国制造的困难，而是制约劳动自由流动的制度、人为拔高工资的做法造成了中国制造的困难。

2013年7月

高增长国家的成功经验或许被夸大了

今天我们争论温室效应、气候变暖，然而有不少科学家相信：相对宇宙的周期变化而言，人类的影响其实微不足道，气候的变化主要取决于宇宙的寒暖周期变化而不是人类的活动。

经济发展是不是也是这样，除了各个国家、地区的好的制度安排、恰当的政策措施之外，产业国际转移的大趋势是不是决定一个国家、地区经济表现的更为基础的因素？应该是。

第一次工业革命为英国带来了翻天覆地的变化，也为美国提供了承接英国产业转移的契机。第二次工业革命使得汽车、家电等新兴产业迅速崛起，以纺织业为代表的传统劳动密集型产业便由美国转移到了日本、德国等国家。随着日本、德国在资本、技术密集型产业的优势地位不断确立、扩大，传统劳动密集型产业又转向亚洲“四小龙”等国家和地区。最近的一次国际产业大规模转移发生在20世纪末至今，产业从日本、德国、亚洲“四小龙”等国家和地区向中国大陆和其他新兴国家转移。由于吸引了来自东亚较发达国家和欧美发达国家的资本、技术，中国大陆的制造业发展可谓一日千里，并逐步确立了“世界工厂”的地位，而其他新兴国家也都有效实现了工业化和快速的经济增长。

如果说英、美、日、德经济快速发展可以理解，因为他们都有典型的资本主义经济制度，那么“四小龙”的经济快速增长多少就需要解释了，因为他们的制度差异已有所扩大（日本与德国的制度安排就已经有差异了）。特别是这一轮的新兴国家，无论是基本政治经济制度，还是很多政策措施，都存在不小的差异，然而为什么他们都实现了经济的快速增长呢？

我猜测，产业国际转移可能是决定一个国家和地区经济绩效的更为基础的因素。

我们使用世界银行2006年发布的120个中国城市数据，比较了运输成本与制度环境对FDI区位分布的影响。结论是：决定FDI区位选择的主要是国际贸易成本，而不是产权保护水平、契约执行效率、政府干预程度等制度环境。换言之，中国沿海经济发展比内地好，可能并不是如人们一般想象的，是因为沿海相对于内地制度环境优越的缘故，而仅仅是因为沿海地区更接近世界市场，贸易成本低；在全球化条件下，具有地利优势便可以在竞争中胜出。这也可以解释，为什么在古代经济重心在中原，而到了近代就转移到了沿海。

这也意味着，当产业在沿海失去优势，很大可能不是转向成本更低的内地，而是会转向其他国家的沿海地区。高速铁路会不会改变这个趋势？要看高铁的成本能否大幅度降下来。

当然，由于一国之内制度差异小得多，因此国家间比较的结果肯定有所不同。所以政治经济制度、政策措施同样也极端重要，不然我们便无法解释为什么国际产业转移到了同一地区的这个国家，而不是那个国家。不过在政治稳定、市场化取向以及对外开放这些基本因素差不多的情况下，可能劳动成本、劳动者素质、在世界市场所处的地理位置就更具决定性了。

产业国际转移也可以因偶然因素而推动，一旦推动，就会自我强化。一国产业的竞争力很大程度是产业聚集内生出来的。产业聚集，分工和专业化于是可以深化，成本会越来越低。

因为天然的渊源，产业从英国向美国转移集聚；因为冷战中美国的扶植，产业又向日本、德国转移集聚；因为与日本接近，并且又在世界市场具有地理位置优势，产业又向“四小龙”转移集聚；中国因为接近日本、亚洲“四小龙”，又成为新一轮产业转移的主要集聚地。这并不奇怪，因为产业是包含企业的整体网络关系。

这也意味着，千万不要因为人为的政策错误抬高了生产成本，造成产业过早外移。一旦产业转移，即便有日本的好制度，也只能是坐观失去二十年的发展时光。并不是他们的政治经济制度有什么大问题，而是因为货币超发、农地保护、最低工资法等错误政策法规抬高了制造成本，造成产业转移。毕竟，独木不成林，产业需要聚堆，市场需要厚度，经济才有竞争力。

既然产业能够从国外转移到中国，那么也能从中国再转移出去。因此中国要想办法通过制度变革把沿海的生产生活成本降下来，而不是把产业转移到中西部去，更不是忙着搞什么产业转型。升级可以，过去生产低附加值的衣服，现在生产高附加值的。但转型不现实。过去生产衣服，现在叫它生产飞机，可能吗？为此，货币超发要控制，土地要流传，农地保护要取消，户籍制度、计划生育政策要放弃，中国必须避免产业因为成本上升而过早转移走。

这还意味着，可能我们夸大了那些高增长国家和地区的成功经验。一个可以检验的含义是，随着新兴国家成本的上升，产业会转向东亚和非洲国家。这些国家和地区，他们的政治经济制度基本没有变化，但是因为国际产业转入，经济也会出现高增长，人民生活也会快速改善。

2014年8月

民企处境会更困难

中国经济严重泡沫化了。有三个指标可以说明：一是人民币长期“内贬外升”，二是货币长期宽松而利率高昂，三是M2（货币总量）巨幅膨胀。

资产市场不泡沫化，货币的对内价值与对外价值应该同方向变化；没有资产市场对于货币的强力吸收，不会出现货币长期宽松而利率高昂的情况；M2巨幅膨胀，说明同一笔钱被无限借贷，债权债务链被无限延长了，庞大的存款从而被派生出来。

泡沫化、高杠杆化，出路只能是去泡沫、去杠杆，接受并承担经济下滑。无非是选择急剧下滑，还是缓慢下滑。当然，中国经济下滑还有世界经济整体处在下行通道的缘故。

然而凯恩斯主义者不这样看问题，他们认为，可以用政府的刺激政策避免经济下滑。殊不知，这种短期的救急反而会进一步伤害经济的长期增长潜力，更伤及民营企业的生存环境。

其一，经济下滑是因为本来就相对过剩了，再用投资去刺激无异于消灭财富。

我们熟知财富是增长的结果，却不知增长也是财富积累的结果。没有财富的积累，我们的需求就会停留在对于食物、衣服的低层次需求上，就没有对iphone、出国旅游等的需求，经济就会缺乏新的增长点。这正是工业革命前缺乏现代意义上的增长，而工业革命后经济增长、财富积累、结构复杂化同步进行的缘故。因此消灭了财富，就降低了经济的潜在增长率。

千万不要以为，亚洲金融危机后政府的需求刺激发挥了作用，现在同样也可以发挥作用。此一时，彼一时，因为加入WTO经济进入上升通道中，这使得危机期间刺激政策下所建的基础设施派上了用处，但现在是世界经济整体处在下行通道中，必须考虑建成的道路未来上面有没有车跑。

或许有人要说，罗斯福新政不是让美国经济走出“大萧条”了吗？但是今天严肃的经济学研究表明，根本不是这么回事，罗斯福的很多政策反而延缓了经济复苏。

其二，这种做法会造成一种恶性循环：政府债务负担越来越重，私人投资会被挤出。

20世纪70年代，面对经济滞涨，在西方有里根、撒切尔夫人推行减税、国企私有化、放松管制，在东方有邓小平推动市场化改革（向民营方向走，并放松管制），从而让世界经济走出滞涨，走向繁荣。太阳底下没有新鲜事，其实任何情况下这些都是发展经济的必由之路。政府债务增加，税收终会增加，私人投资势必被挤出，经济的长期增长潜力必然被损害。

在中国，政府的刺激政策或多或少会变成补贴国企、剥夺民企。除了大项目多会直接落到国有企业身上，造成不平等竞争之外，税收的增加最终也会更多地由民营企业来承担。

中国大量实行间接税，其税负是可以转嫁的。很多国有企业集中在产业链的上游环节，实行行政垄断，定价偏高，典型的有中石油和中石化。由于对这些企业产品与服务的需求缺乏弹性，这些企业的税收负担主要转嫁给了中下游的民营企业和消费者。中国税收问题不容忽视。刺激经济的同时，又在不停增加油品消费税，可见一斑。

经济下行，企业间的债务问题会严重，资金链紧张或者断裂，经营困难便难以避免。

指望银行系统能够满足广大中小民营企业的融资需求是不现实的，所以需要金融自由化。但是金融自由化是有前提条件的，即：严格的产权保护、良好的法治和开放的舆论环境。然而这些都非一日之功可以实现。这些条件不具备，金融自由化的步子不可能快，快了也未必有好结果，开始快了最终也会慢下来。

应该看到，政府正在进行简政放权、开放市场准入的改革。但是只要坚持国有经济主体地位不改变，那么行政垄断就不可能真正放弃。

老子曰："治大国，若烹小鲜。"唐玄宗对此注释道："小鲜，小鱼也，言烹小鲜不可挠，挠则鱼溃，喻理大国者，不可烦，烦则人乱，皆须用道，所以成功尔。"保护产权，推行法治，放松管制，开放舆论，民营企业处境才可能真正改善，经济也才可能真正好起来。

2014年12月

改革土地产权意义重大

你同不同意，中国经济存在体制性的投资冲动和消费压抑？

那是说，假如没有来自外部世界的强大吸收，那么中国经济就会出现有效需求不足、生产相对过剩。这个问题在过去之所以未成为问题，是因为西方国家借钱消费、超前消费，把中国的过剩产能吸收了。事实上，直到2003年下半年的时候，我们的经济部门和经济学家还在讨论刺激国内消费，避免通货紧缩的问题。是加入WTO救了中国经济，加入WTO后年均26%的出口增长救了中国经济。可是今天，西方国家在紧缩，储蓄在增加，消费在下降。外国人再也不想过昨天住大别墅、今天没有房子住的日子了。他们更愿意平滑其一生的消费。他们清醒过来，其过去的生活方式是靠财政赤字、超发货币来实现的，不具有可持续性。

西方国家不是三五年就能完成结构调整，恢复正常增长。

那就是说，中国必须进行结构调整：从主要依靠出口和投资拉动经济增长，转向依靠消费、投资、出口共同拉动，特别是依靠国内消费来拉动。

可是，消费的背后是收入：没有收入，叫人消费那是笑话；有了收入，不让人消费那也不可能。有钱不消费，难道买棺材去？老百姓不消费，首先要考虑他们的收入有没有增长。

收入有两个来源，一个是劳动收入，另一个是资产性收入。当今中国，由于土地等重要生产要素国家所有，老百姓获得资产性收入的途径就被人为斩断了。这决定了百姓的收入不可能有效增长。2010年，GDP增长

9.2%，而政府财政收入增长25%，毫无疑问，百姓收入增长是低于GDP增长的。这是有重要制度原因的。经验上，我们没有观察到有一个国家，土地等重要生产要素是国家所有，然而老百姓收入增长快，是富裕的，国内消费需求是旺盛的。

其实，增加百姓收入并不难。一块土地，假如百姓只是拥有使用权、收益权，没有转让权，那么该土地的市场价值就要大打折扣。而如果还同时拥有转让权，那么该土地的市场价值就会大幅上升。这是说，只需把产权界定完整，土地市值就会大幅上升，百姓的资产性收入就会大增。这也是说，只需把产权界定完整，就可以有效增加百姓收入，刺激国内消费。

说到将土地产权界定给个人，有人要杞人忧天了：土地私有化后，一些农民经营不善，失去了土地生活没有保障怎么办？说来奇怪，总有那么一些人，喜欢当别人的家，做别人的主。你说土地私有化，他们说农民经营不善失去土地生活没有保障怎么办？你说办私立学校，他们又说私立学校质量没有保证，害了你的孩子怎么办？仿佛他们关心农民的命运超过了农民兄弟关心自己的命运，仿佛他们关心我们的孩子胜过我们关心自己的孩子，又仿佛我们的孩子、我们的农民兄弟，在他们的“关心”下真的过上了好日子，读上了好学校似的。

老百姓不消费，还与以房地产为主的资产价格长期大幅上涨有关系。资产价格长期大幅上涨，这就提高了老百姓消费的成本。想想看，一笔钱假如今天用来消费而不是投资，那么就放弃了在资产市场获取成倍收益的机会，在这种情况下，不压缩消费那就是傻瓜。

以房地产为主的资产价格之所以长期大幅上涨，除因政府超发货币以外，也与土地国家所有直接相关。土地国家所有，经济就缺少收入载体。经过三十年的持续高速增长，中国产生了巨大的收入流。这收入，总得要有载体来承载。在西方国家，土地等重要生产要素都是私人所有，每一寸土地、每一种重要要素，都是承载收入的载体。但我们不同，土地等重要生产要素都是国家所有，股市因为制度的原因又不争气，房地产于是成为可以承载巨大收入的有限的几个载体之一，需求于是很难不旺盛。

想想看，假如土地私人所有，那么我那几十万块钱就不是去投资房子了，而是会回到老家农村去买一块地。钱虽然不多，但是老家农村的地荒废了，也不值钱呀！未必是期望它增值，我可以选择在假期过一段田园式生活。但是现在，我只能投资房子。我是个体，微不足道，但是几亿人的集体行动就会产生后果。为什么西方国家房地产价格没有像我们这样长期大幅度上涨？除了他们实行房产税以外，与他们实行土地私人所有是不无关系的。

实际上，资产泡沫不仅仅是压抑消费，还扼杀工商业。本来想做实业，可是考察一圈下来，制造业也好，服务业也罢，都没有炒房赚钱多。你会如何选择？你是企业家的话，还有心思继续做实业吗？

当然可以用投资去替代消费，拉动经济增长。但是，投资短期是需求，长期又形成供给。

或许，你要说：你把土地国家所有说的这么危言耸听，但过去我们不就是土地国家所有吗？我们不是照样高速增长吗？我们不是照样创造了“中国奇迹”吗？对此，我想说的是：此一时，彼一时，过去成功不意味着未来也能成功。过去，土地国家所有并不是说就不是病，只是因此而产生的过剩产能可以被西方国家吸收。但是现在，还能依靠出口来吸收我们的过剩产能吗？

未来，必须改变国民收入分配中政府所占比重过高以及上游产品国家垄断经营的状况，同时，土地等重要生产要素私人所有更是必要的政策选择。这些问题不解决，百姓的收入不可能有效增长。没有收入增长，消费不可能真正提升，经济增长就还得依靠投资拉动，进而给长期发展埋下更大的隐患。土地等重要生产要素私人所有，不仅可以让民众获得资产收益而有效增加其收入，增加国内消费，而且也增加了吸收过量货币的广阔天地，可以有效抑制房地产泡沫。

2012年10月

年年“三农”，说明年年无解

多少年了，中央一号文件都是关于“三农”问题的。年年谈“三农”，只能说“三农”问题年年都没有得到解决。这不奇怪，因为“三农”问题需要依靠工业化、城市化才能最终解决，而这无疑是一个漫长的过程。我的看法，这些年因为改革开放，特别是加入WTO而带来的工业化、城市化的快速进行，解决“三农”问题是进入了快车道的。假如这种势头能够得到保持，再过些时日，应该不会超过七八年，“三农”问题是能够得到基本解决的。

但是现在出现了问题。2008年，华尔街爆发金融危机，中国作为出口大国无疑受到冲击，而受到冲击最大的又是农民工朋友集中的劳动密集的制造业。年前，因为企业破产和停工，就有大量农民工提前返乡；年后，农民工兄弟们又大规模地提前返城。在这次的金融危机中，到底有多少农民工兄弟失去工作呢？不会有太大的差错，提前返乡的农民工数量或者提前返城的农民工数量就是失去工作的农民工的大概人数了。电视的报道是2000万。即便是这个数字也是一个不小的数字。本来应该是农民逐步地向工业部门和城市转移，但是现在有2000万农民工重新回流到农村，这当然对于“三农”问题的解决具有重大而深远的影响。

面对此情此景，我们首先要判断，这冲击是暂时的还是长久的？这个判断不同，解决的办法就不一样。我的看法是，过去我们的出口增长带有超常规增长的味道，金融危机之后，出口将回归到常规增长的轨道，经济增速也将由超常增长向常规增长回归。或许，政府会用强刺激将经济拉上去，但那不是长久之计，不可持续。基于这个判断，我提出如下应对办法：

其一，产权改革是重点。要在稳定农村土地承包关系的前提下，建立健全土地承包经营权流转市场。而更值得关注的，是要对山林坡地等其他资产实施承包经营，并且建立健全承包经营权流转市场。

我们总讲扩大就业、增加收入，殊不知，扩大就业、增加收入的最有效的途径就是产权界定。产权界定的本质是把资产的收益权、使用权、转让权清晰界定给个人。

为此，有关的政策要做调整，要允许农民拥有将承包山林中的包括树木在内的各种资产变现的权利。不必担忧农民会乱砍乱伐。过去之所以发生这种情况，是因为山林的产权没有清晰地界定给个人。一旦山林的产权清晰地界定给了个人，并且形成了稳定预期，农民不但不会乱砍乱伐，还会大规模地植树造林。

中国富裕的是人口，稀缺的是各种资源，没有理由因为产权没有清晰界定，而让山林坡地等重要资源不能最大限度地发挥作用。承包制度因为把耕地的产权界定给了个人，带来了农村生产力的第一次解放，大规模的山林坡地的产权界定也必将带来农村生产力的第二次解放。

其二，大幅度增加城市和工业用地的供给，没有必要保持粮食自给自足。

凡事都有代价，天下没有免费的午餐。我们在保证粮食基本自给自足的时候一定要算一笔账，要算一算工业用地和农业用地收益的差价。假如这差价巨大，那么我们实施粮食自给自足的代价就巨大。何况，技术在进步，亩产量还有增高的余地，中国的人口将来会下降，而工业化、城市化过程中农村宅基地的减少多少还会释放部分存量土地。

不必救房市，房价本来就是被泡沫推高的。只要不对银行体系造成冲击，房价下跌就不是什么坏事。今天房价不向下调整，工商业的生产成本就不能降低。在竞争约束下将来生产就上不去，就业也就上不去，广大老百姓的工资增长也就上不去。房地产价格不下降是以未来就业减少、工资增长放慢为代价的。这代价难道是我们愿意看到的吗？

其三，废除《最低工资法》和新《劳动合同法》。

人口众多、人均资源贫乏是中国的基本约束。这众多的人口既可以是我们的优势，也可以是我们的劣势。一般地说，人力是资产，但又不绝对。假如人没有活干，不能创造收入，那么就不仅不是资产，可能还是负资产。人要穿衣吃饭，如果没有活干，不能创造收入，社会就会不稳定，甚至陷于动荡。因此就业永远是中国经济的第一要务。

在一个人口众多的国度，就业的核心又在于让劳动市场保持高度的弹性。假如我们的劳动市场没有弹性的话，那么我们众多的人口就成为负资产了。这些年，没有新《劳动合同法》，我们的工业化、城市化进行的很好，卓有成效。为什么要在工业化、城市化卓有成效进行的时候推出什么新《劳动合同法》呢？

我们一定要清楚，广大劳动者的权益不是通过一纸法律条款可以规定的，而是要由劳动市场上的供求关系来决定的。如果一定要保留《最低工资法》的话，那么要让最低工资低低的，让其没有什么实质的作用，而新《劳动合同法》则最好是废除掉。新《劳动合同法》居然有那么多的支持者，看来有必要对国民进行市场经济的启蒙教育。《百家讲坛》尽讲些历史文学的故事，为什么不提供一些正确的市场经济知识的讲座？

上述第一个办法是着眼农村解决“三农”，有帮助，但不是根本之计。第二和第三个办法是着眼农村之外解决“三农”，通过工业化、城市化解决“三农”，是根本，也是必由之路。

要解决“三农”问题，其实功夫不在“三农”本身。今天的农村，随便一个劳动力，没有一百块钱一天，是雇用不到的吧？我的问题：今天种粮、种菜的方式跟十年前没有大变化，有变化也是朝着增加产量和降低成本的方向变化，为什么粮价、菜价上升了那么多？答案是：决定农产品价格的，并非只是农业生产活动本身，更重要的是工业生产活动。好比我教书，五年前每月挣6千元，现在挣8千元，我还是一如过去那样在教书，何以收入增加了？因为现在我能在企业找到每月8千元的工作，低于8千元，我就不在学校干而要到企业，学校要留我就必须给我每月8千元。构成种粮、种菜成本的，其实是农民打工的收入。正是在这个意义上，我总说，农产品涨价是好事；农产品涨价，说明我们的工业发展有势头，说明人民收入增长有看头。

“三农”问题出路在于工业化、城镇化。工业化和城镇化本质上是一回事。不是工业化带动的城镇化，就不是真正的城镇化。要放弃户籍制度以及其他限制农村劳动力向城市和工业部门流动的障碍。不要限制农业用地转做工业用地，要放弃“十八亿亩耕地红线”政策。为此，要对土地确权，把产权清晰完整地界定给个人。

把土地产权清晰界定给个人意义十分重大。首先，这是土地流转的重要前提。其次，这是增加农民收入最有效的手段。产权清楚完整界定，资产价格就会立即上升。再次，只有把土地产权清晰界定给个人，允许其自由流转，才能让960万平方公里的每寸土地都成为承载三十年高收入的载体，才能让三十年高收入不都挤入房地产市场，高房价、高地价才可以避免，农民进城的成本才能降下来，工商各业的生产成本也才能降下来。

放眼世界，那些没有户籍制度、土地又私有的国家可曾有过“三农”问题？

2009年9月

还不是产业梯度转移的时候

不经意间听到电视新闻一个报道，某位外国领导人说希望承接我们的产业梯度转移，我顿感胆颤心惊。假如只是说说而已，倒也没有什么大不了的。问题在于，产业的梯度转移真实而悄然地进行着。晋江东石镇被誉为“中国伞都”，每年出口上亿把雨伞，产品外销至美洲、欧洲、非洲、中东、东南亚以及近邻的日本、韩国、中国香港等100多个国家和地区。据称，全世界每30个人中就有一人拿的雨伞是晋江东石制造的。过去，越南、印度从“伞都”进口的都是些成品伞。但是近年来，它们先是进口一些半成品伞，后来开始从中国进口制伞机器设备和原材料了。就是说，它们要自己生产甚至可能出口雨伞了。

这就是本文要讨论的产业梯度转移。

一叶落而知天下秋。我们有必要探讨产业转移的原因和后果，然后确立应对措施。

一、中国的经济成功是制造业的成功、就业的成功

中国经济持续高速增长30多年，成为世界第三大经济体。

这无疑是伟大的经济成就。我关注的是这伟大经济成就得以实现的原因。

改革开放和市场化是中国经济持续高速增长的两大根本动力。开放和市场化当然有其方方面面的经济职能和功效，不过在我看来，落实到一点，最终乃是解决了激励问题，并让经济的比较优势充分发挥了出来。

理论上，在开放的市场经济中，只有比较优势产业才是具有竞争优势的；反过来，比较优势产业又一定是具有竞争优势的。于是，我们不能不关心中国经济的比较优势。

中国经济的比较优势是什么呢？是她的丰裕的劳动资源及其决定的劳动密集型产业。

收入是一连串事件。中国经济的成功当然是每一年的成功的加总。但是我们不能否认，中国经济增长最快的年份，乃是加入WTO之后的那些年。正是在这几年，中国经济第一次出现了“民工荒”。尽管就业仍然是中国经济紧迫的现实问题，但是毕竟破天荒地出现了“民工荒”。那意味着中国经济充分发挥了她的比较优势。无疑，承载其比较优势的载体是劳动密集的制造业。因为只有劳动密集的制造业才可以最大限度地承载就业。也是在那几年，中国悄然成为“世界制造工厂”和世界第三经济大国。

费歇尔讲，凡是能够带来收入的都是资产。那么人口是不是资产呢？一般来说，是资产。不过此资产非彼资产。人口和森林、河流、矿藏等不一样，这些东西一万年后仍然会带来收入，仍然是资产。但是人口不一样。一万年后人是肯定不能再带来收入的。不仅如此，人还要穿衣吃饭，是要消费的。没有衣穿，没有饭吃，社会就不稳定，人口不但不是资产，反而会是“负资产”。没有衣穿，没有饭吃，人口不但不会成为经济增长的动力，反而会成为经济增长的阻力。所以归根结底，经济增长、社会和谐是要依赖于就业的。对于人口众多的国家来说尤其如此。

有人说，中国作为“世界制造工厂”只赚得了收益中极低的比例，却“收获”了环境污染，不合算。我要说，不要只是看到“世界制造工厂”负的一面，正面和负面的有机整体才构成一个完整的铜钱。中国的经济成功和“世界制造工厂”也是不可分割的有机整体。中国的经济成功是“世界制造工厂”的成功，是就业的成功。想想吧，一个十三亿人都有活干的经济怎么会不是一个持续高速增长的经济？又怎么会不成为“奇迹”？

二、没有最好的产业，只有最适合的产业

不是不重视高科技，也不是不喜欢产业高级化，问题是就业才是中国经济的第一要务，这是由我们人口众多、人均资源贫乏的基本约束决定的。无疑，劳动密集的制造业更能吸纳就业。更为重要的是，中国还有7亿农民兄弟，他们知识不足、技能贫乏，需要处在低端的制造业来吸纳他们就业和改善他们的生计。我们可以想当然希望农民兄弟们去制造飞机、做产品研发和设计，但问题在于，他们自己是不会做出这样的选择的，因为他们清楚自己做不了。不妨把话说得绝对一些，能够帮助农民兄弟们的只能是处在低端的制造业。

不要看别人产业高级，能挣更多的钱，我们就想着要让产业高级化。适合别人的，未必就是适合我们的。正如世界上没有最好的职业，只有最适合自己的职业，世界上也没有最好的产业，只有最适合自己的产业——适合自己的产业就是最好的产业。重要的不是什么高级不高级，而是适合不适合。重要的不是在边际上我们挣了更多钱，而是我们的总收入最大化。

再说了，在一个存在剩余劳动力的国家，处在低端的制造业的存在，是不会影响高科技的发展和产业结构的升级的。而给定产业结构升级能够带来更多的利润，企业是一定要自我升级的，用不着外力去推动。东石的制伞者们就自发地进行着这样的产业升级，从生产一般伞品，到生产降温伞、不沾水伞、超强防风伞、自开收伞等功能性专利伞品，最终，可能还要从卖产品变为卖设计呢。总之，挣钱的事是不需要外力去强调和推动的。能赚到钱、能赚到更多的钱，怎么可能不赚呢？没有赚到，一定是因为本来就赚不到的嘛！又假设人人在逐利，又说有利益而没有人捕捉，这岂不是自相矛盾了？

当然了，有朋友会说，假如政府扶植和补贴高科技产业的话，那么高科技发展不是可以更快吗？对于这个观点，我没有把握说不正确。但我可以肯定的是，政府把钱用于支持高科技，就少了钱做别的事情。而且我还

可以肯定，就算政府不扶植高科技，只要不是打击和阻止，科技还是会向前发展的。我认为政府应该把精力和财力用在那些假如政府不去关心和做点什么就没有人做或者做起来很困难的事情上。

就产业问题来说，我们真正应该关注的，是那些广大农民工赖以改善生计、需要参与国际竞争才能生存的制造业。它们处在盈利边际上，经不起雨打风吹。各种不利的经济冲击，各种不利的政策法规，首先会对它们造成伤害。这些年，由于经济发展，我们的劳动成本大幅上升，已经高于好些周边国家，这使我们在一定程度上丧失了劳动密集型产业的优势。

应该说，一部分劳动成本上升本来就是我们期待的。我们发展经济本来就是要让广大老百姓享受经济发展的成果，工资上升自然是我们所期待的。问题在于，另一部分是人为因素推动的。有人民币汇率不当造成的成本提升，有不当的劳动政策法规造成的成本提升，有土地等生产要素的政府垄断和市场化程度不高所造成的成本提升。

如果是因为人为因素的推动而使得劳动密集型产业失去了优势，那是不能成为产业转移的理由的。而既然我们的劳动成本上升有人为因素的推动，那么就还不到产业梯度转移的时候。不反对个别地方进行的产业结构升级和转移，但是中国整体来说还不是产业梯度转移的时候。

三、怎样避免过早的产业梯度转移

第一个要面对和处理的是高房价。这不仅是简单的老百姓买不起房子的问题，更重要的是对于制造业的伤害。高房价对于制造业的伤害绝不是简单的工业厂房、商业店铺成本上升，而是劳动力成本上升的问题。房价高企，工人的生活成本就不能低下来。

我的问题是，因房价高企而导致的工人生活成本上升由谁来承担？答案是，由工人和企业共同分担。这就是交易的性质。我们不要只是看到交易双方对立的那一面，还要看到双方利益一致的一面。你的成本也是我的成本，你的收益也是我的收益；反过来，我的成本也是你的成本，我的收益也是你的收益。这就是科斯定理。其实科斯定理讲的无非就是这样一个交易的性质。

我在好几处场合都讲，房价不下跌是要以制造业成本上升，未来生产减少、就业减少为代价的。是的，目前的金融危机使我们面临两难的境地：如果我们让房地产泡沫破裂，可能会加剧经济衰退，而如果我们救房市，维护房价，那么又将伤害未来经济发展。

世事本来如此，凡事都有代价，天下没有免费的午餐。我们要判断的是哪一个选择代价更大。我的判断，还是要大规模地增加城市和工业用地供给，控制房价过快上涨。不能为了眼前的一时繁荣，牺牲了未来制造业的竞争力，更不能因为部分利益集团而绑架了整个中国经济。

这就牵出了又一个要面对和处理的货币政策问题。不反对当经济面临衰退的时候应该放松货币，因为这时货币流通速度会减慢，真实货币供给会减少。但放松货币只是为了恢复正常的货币供给，只是为了稳定货币币值。要知道，货币扩张刺激经济、增加就业是有严格条件的，而且只是短期效应。长期里，货币过度扩张不但不会带来刺激经济、增加就业的好处，反而会带来不少潜在风险。长期里货币扩张会导致物价普遍上涨，特别是资产价格上涨。这对于经济是有大危害的。

第三个要面对和处理的是人民币汇率问题。扩大内需、特别是国内消费需求固然重要，但是中国经济的持续高速增长注定是要参与国际经济大循环的，中国经济注定具有高外贸依存度的性质，这一点也是不能否定的。为此，维护人民币汇率稳定并略微低估就至关重要。

回头再说《最低工资法》和新《劳动合同法》。广大劳动者的权益不是通过一纸法律条文可以规定的，而是要由劳动市场上的供求关系来决定。这个问题，教科书讲得清楚，又有众多经济学家做了深入讲解。这里要指出的是，这两个东西，对于我们这样一个人口众多、人均资源贫乏、广大民众的人力资本含量又不高的国家危害尤其大。前文已经说过了，人口众多既可以成为我们的优势，也可以成为我们的劣势。核心问题是就业。就业永远是中国经济的第一要务，而就业的核心又在于让劳动市场保持高度的弹性。这些年，没有新《劳动合同法》，我们的工业化、城市化进行得很好，卓有成效。为什么要在工业化、城市化卓有成效进行的时候推出那部新《劳动合同法》呢?

没有人为因素对于生产成本的推动，而仍然有产业转移的需求，这才是产业梯度转移的时候。

2009年9月

中国超越美国成为第一大经济体了吗?

2014年4月29日，世界银行发布的2011年“国际比较项目”报告指出，按照购买力平价计算，中国的经济规模在当年已经达到美国的86.9%。根据近几年中美经济增速计算，在2014年，中国经济规模将超过美国成为世界第一。中国经济当真超越美国了吗?

这里购买力平价是关键问题之一。简单说，所谓购买力平价，就是依据（不考虑运输等交易成本）同一商品在世界不同的地方按汇率折算的价格应该相同这样一个朴素的直觉，确定的汇率平价。比如一个汉堡包，在美国售价4美元，在中国售价20元人民币，据此推算，人民币兑美元汇率应为1：5。可是一辆在美国售价10万美元的高档汽车，在中国售价很可能达到200万元人民币，人民币兑美元汇率就应为1：20呀！这倒也好办，可以根据贸易量赋予权重计算平均值。问题在于，还有那些非贸易商品怎么办？由于中国劳务价格远远低于美国，而劳务一般是不可贸易商品，因此用购买力平价比较两国经济，必然会高估中国的经济实力。

如用市场汇率做比较，则中国GDP只有美国的60%。问题是，有人说人民币名义汇率低估了，用市场汇率做比较，会低估中国的经济实力。我当然不同意这说法。其实名义汇率无所谓高估低估，任意确定一个汇率水平，工资和物价会随之做出调整，长期来看实际汇率会得到调整，经济会回到均衡。但我知道，我的这个观点不容易被人接受。但不管怎样说，市场汇率肯定是一个比购买力平价更好的国际比较指标。用实际汇率计算，中国与美国还有很大差距。

中国能够超越美国成为世界第一大经济体吗？要看你拿什么做比较了。

用GDP比较，肯定能够。美国建筑寿命平均是74年。英国更达到132年。在牛津，三四百年的房子比比皆是，坚固得很，而且老房子还得德高望重的人才有资格住。可是我们呢，规定是50年，建筑实际使用寿命只能持续25～30年。建一次房子是GDP，拆一次又是GDP，再建一次还是GDP。不只是房子，还有广场、道路、桥梁，这样建了拆，拆了建，GDP怎么可能不超越美国呢？

但是这样的超越有什么意义？房子拆了再建，GDP是上去了，可是房子还是那房子，财富并没有增加。不但没有增加，反而减少了。因为那些用来再建房子的资源，本来可以用来生产别的东西；只是因为要再建房子，就不能建别的东西了，这不是消灭财富是什么？所以这样的超越，除了制造漫天雾霾、遍地尘土，并没有实际意义。

GDP没有反映环境污染问题。发臭的河流没有从GDP中扣除，漫天雾霾更没有。

我们还要知道，GDP只是在中国地盘上生产的最终产品和劳务的价值。至于是谁生产的，利润归谁所有，GDP可不管那么多。中国是资本净流入国，这意味着很大程度是人家外国人在我们的地盘上开工厂，我们叫作外资企业或者说合资企业；GDP是我们的，但企业的主人是老外，财富是人家的。这就是为什么日本“失去二十年”了，可是人民仍然安居乐业，过得好好的。因为中国的GDP有很大一部分是人家日本人、美国人的。中国有不少GDP由外资企业生产，财富是外国人的，然后你拿GDP去与美国比较，说超过美国了，是不是有些可笑啊？

什么时候GNP（国民收入）超过美国了，那么才可以说真的超越美国成为世界第一了。

就算GNP超越美国了，还是没有什么可骄傲的。要人均收入超过美国，那才厉害。我们有一个错误的认识，认为人多，人均收入就低。其实这是完全错误的，人多人均收入应该更高才是。亚当·斯密讲，财富来源于分工。一个人制针，一天造不出一根针来。可是很多人分工协作，专业化生产，平均来说每个人每天可以生产出很多根针来。人愈多，分工和专业化会愈细，生产率就愈高，人均收入也愈高。经验上，我们观察到人口密度大的大城市比人口密度相对小的中小城市生活水平高，而人口密度相对大的中小城市又比人口密度小的农村生活水平高，就是这个道理。

可惜人均GDP超越美国几乎没有可能性，更不要说人均GNP了。因为计划生育的缘故，当中国人均GDP还没有追上美国，就进入了人类历史上最严重的老龄化社会。而且由于我们的教育科技等制度落后，经济缺乏创新的能力，现阶段中国主要靠模仿，但是当技术水平与美国接近的时候，增长动力将大幅下降。一个除了劳动成本比人低，其他成本都比人高的国家，凭什么去超越？一个可以一跃从世界最大的石油进口国变成石油出口国的国家，又哪里是那么好超越的！想一想日本吧，当年也是说日本就要超越美国了，可是现在怎么样？那时是拿泡沫化的日本与美国在做比较，今天不也是在拿泡沫化的中国与美国做比较吗？请问：中国的创新能力超过日本了吗？日本有中国即将到来的那么严重的老龄化问题吗？

2014年7月

利率市场化也是一个政治问题

经国务院批准，人民银行决定，自2013年7月20日起放开金融机构贷款利率管制：一、取消金融机构贷款利率0.7倍的下限；二、取消票据贴现利率管制，改变贴现利率在再贴现利率基础上加点确定的方式；三、对农村信用社贷款利率不再设立上限；四、为继续严格执行差别化的住房信贷政策，促进房地产市场健康发展，个人住房贷款利率浮动区间暂不作调整。这个决定，媒体、官员、专家学者做了大量解读，我要对这个决定做一个自己的解读。

首先，媒体、官员、专家学者放大了这一决定：不是放开金融机构贷款利率管制，更不是全面放开金融机构贷款利率管制，只是放松些许，重要的贷款利率上限还没放开。

其次，目前银行对于贷款利率都是上浮执行，“新政”是放开贷款利率下限，因此决定的实质意义并不大。不过决定的象征意义倒是不小。往小里说，是告诉金融机构取消贷款利率上限和取消存款利率限制的利率完全市场化时代即将到来，改革不是空口白牙说说了事，你们最好做好前期准备。往大里说，是告诉全社会“新政”的放松管制的市场化改革开始启动了。

无论从哪个角度来说，都是一个好的信号。真心希望，这是一个好的开始。

无疑，这个决定也使我关注起利率管制背后的经济学话题来。

一个重要而有趣的话题是：政府设置了贷款利率上限，银行就会以低利率把资金贷给工商企业吗？而工商企业就可以得到低成本资金吗？当然不会。真实价格是由供求决定的，人为能够改变的只是名义利率，改变不了实际利率。如果贷款利率上限低于市场均衡价，那么你就得给银行高管回扣才能贷到款。你放心，不可能资金的市场价格是1分利，而因为政府设定了贷款利率上限，银行就会9厘9贷给你。中小企业难以从银行贷款，但是从民间贷并不难。君不见，手机经常收到民间机构贷款的信息；当天放款，甚至不要抵押。这是贷款难吗？所以中小企业贷款难其实是个伪问题。难是因为出价不够高，是贷低成本的银行资金难。那么民间融资的钱是从哪里来的呢？其实很大一部分还是银行资金。资金流到了能从银行低成本融到资金的人，然后他们再拿这些钱做民间融资。这正是发生在今天中国大地上的事情。

这带来另一个重要话题：为什么政府不放开对于贷款利率的上限呢？是担心对于工商企业造成冲击？放弃对于贷款利率的上限，只会减少寻租和不必要的中间迂回环节，这只会降低工商企业的融资成本。是担心对于银行体系造成冲击？放弃对于贷款利率的上限，寻租收入就可能转化为银行利润，这只可能增加而不可能减少银行的利润。事实是，放弃对于贷款利率的上限，只会减少金融系统管理者的寻租收入。所以，千万不要迷信政府的价格管制，其十之八九不是从社会利益出发，而是管理者自己在设租捞好处。

上述分析有一个前提，银行须以利润最大化为目标。否则，即使放开贷款利率上限，而均衡利率高于利率上限，银行也未必有激励提高贷款利率并改变相应行为，资源错配和低效率配置仍然难以纠正。中国的银行未必在追求利润最大化，这意味着仅仅放开利率还不够。

还有一点不能忘记。存款利率市场化同样重要，甚至更重要。纵有千家万家银行，如果实行存款利率管制，实际上只有一家银行，金融市场就还是垄断的格局和垄断的属性。

赞赏总理的市场化改革。不过，市场以私产为前提，价格以私产为基础；没有私有产权，不会有真正的市价，不会有真正的市场化。而且金融是高级产业，除了需要产权的支撑外，还需要法治的支撑。法治不健全，合约不能得到有效执行，金融自由化便未必带来理想的效果。在这个意义上，利率市场化，从来都不是一个经济问题，而是一个利益分配的政治问题。

2013年8月

人民币内贬外升的原因与含义

根据购买力平价理论，汇率决定于两国货币的购买力比率；当一国出现通货膨胀，其货币会贬值。直观上，货币的对内价值与对外价值是一个铜钱的两面，应该是一致变化才对。

然而中国长期出现货币“对内贬值、对外升值”的现象。自2005年7月实行汇改以来，人民币兑美元汇率一路升值，至2014年已逾30%。与此同时，国内消费者物价指数也随着汇率扶摇直上，在2008年4月甚至高达8%，汇率升值的同时伴随着明显的通货膨胀。

购买力平价理论不会错，但是人民币“内贬外升”也确实存在。问题出在什么地方呢？一定是经济现实与购买力平价理论的前提条件不吻合。众所周知，购买力平价不考虑资产市场。因此，人民币“内贬外升”一定是资产市场发生了什么，要从资产市场去获得解释。

人们需要一般商品是为了满足直接的需要，这种需求是有极限的。一个人最多一天喝十瓶水，再多了就是白给也不会要的。但是资产不一样。资产是能够给人带来收入的东西。人们需要资产不是用它来满足直接的需要，而是希望它能够增值。这决定了资产的需求可以无止境。资产价格受预期影响明显，资产市场存在明显的“追涨效应”：价格上涨，预期价格上涨，更多的资金进入和进一步价格上涨，进而形成一种预期自我实现的价格泡沫。

货币之水不会均匀流向经济的每个领域，而是首先流向资产市场。货币超发，那些缺乏供给弹性的商品就会资产化。当资产价格连续攀升，并且提供了比投资实体经济更高的回报率时，将有更多的资金投资于资产。在世界性货币超发、流动性泛滥的情况下，资产泡沫化还吸引热钱流入产生更加严重的后果。中国因为货币超发，导致资产价格大涨。资产涨价，吸引热钱流入。热钱流入导致货币供给进一步增加，资产进一步涨价，同时产生人民币升值压力。人民币汇率在政治等各种压力下升值，升值也导致热钱流入，热钱流入再推高资产价格。两种因素累进叠加，就形成了一方面本币升值，另一方面国内货币宽松通货膨胀的局面。

这个解释是否成立？我们需要观察，那些和中国一样国内资产价格上升过快的国家是不是也出现一方面国内通货膨胀，另一方面又本币升值的货币“对内贬值、对外升值”现象？

事实上，并不只有中国存在着汇率升值和通货膨胀同时存在的情况。俄罗斯在2011年对美元实际汇率升值11%，而俄罗斯国内同期CPI约为6%；南非前两年来的通胀水平也都在6%的高位，对美元实际汇率上升甚至超过30%。总的来说，新兴市场和发展中经济体在上一轮经济中都处在通胀和汇率升值并行的通道中，当然他们国内都存在明显的资产涨价。

货币“对内贬值、对外升值”是货币超发、资产价格上涨的同时吸引国际热钱流入的外在表现。这一现象意味着，在流动性泛滥、虚拟经济远远超过实体经济的当今世界，本币升值未必一定抑制通货膨胀，相反可能导致热钱流入使之加剧。这一现象也意味着，资产价格过快上涨不能被抑制，那么货币“对内贬值、对外升值”就不能改变；当资产泡沫破裂时，本币贬值的可能性十分大。

所以，要解决人民币“对内贬值、对外升值”，就要控制国际热钱对国内资本市场的过度投机，同时适当放宽国内资金投资海外市场的限制，减少国内货币量；用其他手段控制资产价格上涨，本身也可以起到控制热钱流入减少内生货币供给的作用。

2014年1月

人民币自由兑换当以楼市软着陆为前提

总有人说房地产市场没有泡沫，我的观点，货币极度超发而本币还升值就意味着存在资产泡沫；货币“对内贬值、对外升值”这本身就是资产泡沫的外在表现。总有人鼓吹人民币要抓住机遇国际化，我的看法，如不注意细节，人民币资本项目自由兑换之日即是中国货币崩溃之时。

根据央行数据，截至2012年末，中国M2余额达到97.42万亿元，居世界之首，是美元的1.5倍，比整个欧元区的货币供应量还要高。回顾2008年，中国货币存量还排不上全球前三。这几年中国货币存量增长之快可见一斑。

众所周知，中国经济总量只相当于美国的60%。而且美元是硬通货，在世界各地自由流通，在各个国家以钞票和账户形式存在着，而人民币多数集中在中国境内及周边小范围区域流通。根据国际清算银行的数据，人民币的外币市场交易量跟波兰的货币差不多。

上述事实表明，即使把中国直接融资比例低的事实考虑进来，人民币也存在着极其严重的货币超发。但是为什么人民币不贬反升呢？有两个原因：一是土地国有并且农地保护，再就是人民币资本项目不可自由兑换。

货币超发而又土地国有或限制农地转作工业用途，容易催生房地产泡沫。其中道理我在多处说过，这里不再赘述。资产泡沫化的过程中，会产生资金黑洞吸引热钱流入，导致本币升值；本币升值反过来又促使热钱进一步流入，加剧货币超发和资产泡沫。循环往复，不断自我加强。正因如此，我才反复强调：从根本上讲抑制房价要靠货币紧缩，而抑制房价本身又构成紧缩货币的一部分。因为房价抑制住了，热钱流入就止住了，内生性货币供给也就停止了。同样是因为这个原因，超发货币不但不会导致本币贬值，反而致使其升值。是的，在一个外围流动性泛滥，内部又资产泡沫化的环境中，超发货币，不但不能降低利率，反而会拉高利率；不但不会导致本币贬值，反而会加剧本币升值。2010年、2011年中国出现的民间高利率就是典型的例证。近几年出现的人民币升值和当年的日元升值也是如此。

资产泡沫需要不断的资金流入才能维系，但这显然不可能；资产泡沫会打击制造业，导致实体经济空心化，孱弱的实体经济终究会无法支撑过度发展的资产市场，最终资产市场坍塌也就成为必然。如果资本项目不能自由兑换，热钱不容易流出去，虚假繁荣就不容易被一下子刺破。反之，如果资本项目可以自由兑换，那时热钱会大规模外流，本币会贬值；贬值又进一步加剧热钱流出。累进叠加，本币就有可能崩溃，金融危机便很难避免。

别的不论，单以货币数量看，如果资本项目自由兑换，那么人民币大贬难以避免。

在过去的20年，世界上曾有过两次货币崩溃发生在当时看起来欣欣向荣的国家。一个是泰国，一个是冰岛。货币崩溃之前，他们的经济很繁荣，而且本币兑美元或欧元升值。可是突然短短的一个月内，两种货币的汇率贬值了50%。如果把两国货币崩溃前的十年货币供应走势画成图，基本上和中国过去十年的货币供应走势是相同的。我虽然难以预测准确时间，但是可以断言，如果在楼市软着陆前放开资本项目，那么人民币自由兑换之日或是中国货币崩溃之时。

今天美国面临退出量化宽松政策，新兴国家货币巨幅贬值，资产市场受到重大打击。而中国基本上没有受到什么冲击，除了巨额外汇储备之外，资本项目不能自由兑换是重要原因。

不是要反对人民币自由兑换，但是人民币资本项目自由兑换要慎之又慎。要么，很早就实现自由兑换，要么，让房地产市场软着陆了以后再实现自由兑换。这是一个货币超发、流动性泛滥、虚拟经济过度发展的时代，即使自由兑换，对短期资金流动进行适当限制也有必要。

2013年3月

中国经济的阳光大道

春节刚过，回农村过年的人们纷纷“吐槽”农村荒芜了。然而我要说，农村荒芜说明这些年我们的工业化、城市化大有看头，这是求之不得的好事。

但是农村荒芜毕竟又是浪费。造成这一浪费局面的根源是土地没有私有化。本来工业化、城市化是城市、农村人口和要素的双向流动：一方面，农民向城市和工业部门流动；另一方面，城里的有钱人、喜欢农村生活方式的人向农村流动。然而由于土地不能自由买卖，中国的城市化就只有农民向城市的单向流动。这样单向的工业化、城市化必然会使农村荒芜。

英国工业化、城市化水平比我们高，美国也比我们高，但由于土地私有，可以自由买卖，他们不仅城市繁华，农村也生机盎然、美丽幽雅，不是集约化大农场，就是别致的庄园。

中国经济正面临严重的衰退压力。官方公布的GDP增速为7.4%，已经处于五年来新低，民间有人根据用电量、货运量等指标测算的增长率甚至只有5.6%；CPI也处在历史低位。这被有些人叫作通货紧缩。

但是不能简单把价格下降叫做通货紧缩。造成价格下降的原因不是货币少了，而是产能过剩，社会生产了大量不为人们所需要的产品。CPI低只是说价格增速慢了，并不是价格下降了。中国的价格不是低了，而是高了。这是人们去国外购买“Made in China”的原因。况且CPI只是消费品物价指数，没有考虑其他产品的价格，比如就没有考虑股票价格。

GDP增速下降，CPI处在历史低位，根源都在于产能过剩。

为什么产能过剩呢？原因之一恰恰是前期不当的财政、货币等政策给市场传递了错误信息。本来只是人为刺激下的经济虚假繁荣，但是企业家不知道，他感到产品好卖，又容易融到资，于是不但不减产，反而还扩大生产。但是人为的刺激不可能持久。当刺激政策被迫停下来的时候，产能过剩就变得相当严重了。

并非市场不会发生错误，但是没有政府的不当干预，系统性的严重错误不容易发生。看看产能严重过剩的行业，哪个不是政府鼓励过的？可惜政府不反思自己的政策错误，还要继续去扩张财政、货币以解决严重的产能过剩。

中国因为产权国有，老百姓缺少资产收益，因而收入增长赶不上GDP增速，存在消费压抑。这在过去不算大毛病，因为西方国家过度消费，吸收了我们过剩的产能。但是华尔街金融危机后，西方国家消费率下降，储蓄率上升，中国就不能不提高自身消费水平了。

问题的另一面是，中国并不是真的没有消费需求。那么高的储蓄，怎么会没有消费力呢？挣钱的目的是为了消费，没有人为储蓄而储蓄。我不否认，由于计划生育政策导致人口结构扭曲，中国老百姓会适当高储蓄以备养老之需，但是的确也存在有钱找不到消费的地方。这就是中国经济的怪相：一方面消费需求不足，另一方面潜在的消费能力又找不到可消费的地方。

财政、货币政策虽然可以解短期经济之急，但是会给长期发展带来更大的隐患。很大程度上，当前的经济困难正是前期财政、货币双重强刺激的后遗症。而且，当货币扩张到一定程度，本币面临严重贬值压力的时候，扩张政策的短期作用空间就将丧失。当前人民币面临巨大贬值压力，政策越扩张，人民币贬值压力越大，热钱越外流，到头来，扩张的货币又会重新回到银行体系，唯一的变化是外汇储备的流失。

凯恩斯主义者希望扩张货币、降低利率以刺激经济。然而并非货币多真实利率就能下降。货币只是一个媒介，决定真实利率的是资源的实际供求状况。货币超发，企业误判信息，生产了社会不需要的产品，本质上这是消灭财富，增加资源的稀缺度，只会提高利率。华尔街金融危机后，各国都进行了史无前例地大放水，然而今天的利率也史无前例地高，其中道理正在于此。中国120万亿的M2，不是货币少了，而是货币多了，靠继续发货币降不了利率。

当前经济面临严重的衰退压力，与其苦于财政、货币的作用空间越来越小，进退维谷，何不把国有企业和土地等重要生产要素私有化？

如果中国能够把国有企业和土地等重要生产要素私有化，那么，其一，可以有效增加老百姓的资产收入，从而有效提升国内消费水平；其二，很多人会到乡下盖别墅、建农场，这是无可估量的需求。房地产支柱不行了，难道只有一根筋的救房市的办法？为什么不让私人开发广大的农村，重新开创一片经济的新天地？盖别墅、建农场、修道路，农村的需求难道不是需求？农民不再把农村的房、地闲置，拿着卖地、卖房的钱到城里发展，不是更有利于他们在城市生活吗？

国有企业和土地等重要生产要素私人所有，一子落下，中国经济将满盘皆活。

2015年2月

股市房市的分析判断

国际上通行的房价收入比、空置率等都不是判断中国房市泡沫的好指标，M2和理财产品的短期巨幅膨胀才是好的度量。

房市拐点不是发生在2014年初，而是2013年6月。

限购令不能降房价，经济适用房、廉租房在国外降房价，在中国增房价，房产税在国外增房价，在中国降房价。

股市不是经济的晴雨表，而是资金的晴雨表。

昨天的股价对应今天的经济，当前经济不好反而可以利股市。

泡沫化与高杠杆化的经济度量

经济到底是不是泡沫化，我们不能依据价格高低来判断。而价格杠杆隐藏在微观主体之中，是不是高了，看不见，摸不着。为此，经济学要寻找可观察、能度量的指标来进行间接度量。

根据购买力平价理论，如果不考虑资产市场，那么货币“对内贬值、对外升值”这样的事情不可能长期存在。因此货币“对内贬值、对外升值”，一定是资产市场发生了什么。

事实上，正是资产市场泡沫化导致了货币“对内贬值、对外升值”。

货币超发，流动性泛滥，那些缺乏供给弹性的商品就会资产化并形成泡沫。由于资产价格上涨反过来会产生更大的资金需求，因此越是扩张货币，资产价格越是狂涨而得不到控制，资金需求越强，利率就会越高。主流经济学认为扩张货币可以降低利率，但实际上并非总是这样。在世界货币超发、流动性泛滥而国内又资产泡沫化的时代，扩张货币不但不会降低利率，反而会提高利率。

近年来，民间利率高昂，其实不是钱少的缘故，而是钱多的缘故。实体经济经营困难，也不是钱少的缘故，而是钱多的缘故。当资产价格连续攀升并且提供了比投资实体经济更高的回报时，钱反而要大规模流出实体经济。实体只是个平台，融得了钱，还是炒房炒地。当房地产等资产价格大涨的时候，利率要上升，汇率要升值。是否泡沫化仅从价格角度不好观察，但是当货币宽松而本币升值、利率高昂，一般来说就是泡沫化了。

泡沫化与高杠杆化紧密联系。

泡沫化中，没人愿意让钱久留手中，同时更多的人希望借钱花。一笔资金，甲花出去，变成乙的收入和存款，经过金融中介，又变成丙的借款，不断循环，债权债务链无限延伸，M2跟着膨胀起来。这种债权债务链的拉长是高杠杆化的一个方面，而M2巨幅膨胀正是高杠杆化的外在表现。

泡沫化中，人们以资产作抵押融资。本来资产只值6元，但泡沫化中涨到20元，以它作抵押借到12元，实际就是6元钱借了12元钱。这是高杠杆化的又一个方面。

泡沫化中，赚钱那么容易，银行怎么会让钱作为存款被提取准备金？怎么会做贷款接受利率管制？理财产品于是应运而生。理财产品让银行可以将储户的钱全部用于生利，并且不接受利率管制。其他非银行金融机构也会尽可能地把每一分钱都放出去生利。中国的理财产品从无到有，短短几年达到13万亿，非银行金融机构爆发增长，这正是银行等金融部门在规避监管、分享资产泡沫。这是高杠杆化的第三个方面。

在这个货币超发、流动性泛滥、虚拟经济过度发展的时代，世界经济可能伴随热钱的国际流动而周期性此起彼伏。这也意味着构建新的国际货币体系，将在不远的将来又被重新提上议事日程。而在国际货币制度没有根本改革以前，对短期资本流动进行适当限制可能是必要且有益的政策选择。货币制度出了问题，管制短期资金流动可能反而是经济自由。

2013年9月

高房价已成经济社会的绞肉机

高房价增加生产成本，牺牲工商各业长远发展；高房价压抑消费需求，阻碍经济结构调整；高房价剥夺穷人，补贴富人，导致两极分化；高房价提高利率，制造钱荒——可是，房地产已经占了中国经济的三分之一强，房价大跌，必然重创经济金融体系，导致经济社会危机。

其一，高房价增加工商各业的生产成本，以牺牲工商各业的长远发展为代价。

房价上涨可不是简单的工业厂房、商业店铺成本上升的问题，而是劳动成本上升的问题。房价高企，工人的生活成本就不能低下来。因房价高企而导致的工人生活成本的上升由谁来承担？答案是，由工人和老板共同分担。这就是交易的性质。广东、浙江等沿海地区好多企业聘不到低成本的劳动，但是转移到中西部就能聘到，为什么？因为高房价等因素阻碍了低成本劳动向沿海地区流动。

马克思看到的只是交易双方对立的一面。实际上，交易双方更多的是利益一致的一面。处在交易关系中的双方，你的成本也是我的成本，你的收益也是我的受益，反之亦然。这是诺贝尔经济学奖得主科斯教授告诉我们的一个极其重要的道理。马克思要全世界无产阶级联合起来，怎么可能联合呢？中国工人与美国工人是竞争的关系，工人与资本家之间才是合作的关系，马克思似乎永远不懂这一点。

所以，当看到中国有几个城市已经进入世界生活成本前25位的时候，我是忧从中来。我们远没有达到别人那样的高收入，却承担人家那样的高成本，未来依靠什么参与国际竞争呢？

而且房价过快上涨，经济充满投机性，人们就会热衷于挣快钱，干短、频、快项目，而不是去从事技术创新、新产品开发这样的长期项目。这对于竞争力的培育和长期经济发展显然是极其不利的。这些年，很多人都不再安心做实体经济，为什么？除了高税费、产品上游垄断高价等原因外，一个很重要的原因是炒房、炒地太容易赚钱了。

经济学有一个重要的概念，叫做机会成本。好比你听一场公益讲座，不收费，有没有成本？有，你听讲座，就放弃了陪女朋友看电影、逛公园的机会。你放弃的陪女朋友看电影、逛公园的机会，就是你听讲座的成本，叫代价也可以。农民种地的成本是什么？不只是种子、肥料、农药的投入，更重要是其打工的收入。由于农民打工的收入增加了，因此农产品涨价就是必然的。

其二，房价过快上涨还会压抑我们本来亟待开发的国内消费需求，迫使经济还得依靠投资拉动。

给大家说说自家真实的事儿吧。

5年前，姐姐选择自建房屋。姐姐建房是改善性需求了。她之所以选择建房，是出于当时不建房地价会更高的恐惧。她是负债提前来建她的改善性住房。她说了，先把房子建起来，暂不去住。我知道，为了建这个房子，她是省吃俭用了。

再说刚性需求。侄儿参加工作没几年，结婚买房子，二哥资助一点，他的岳父母资助一点，自己攒了一些，再贷款一些。这应该是刚性需求了。为了他买房子，三家人恐怕都要节省开支了。病中的老妈还不忘给我讲述侄儿媳妇会过日子。我的老妈呀，不会过日子行吗？

不要以为，买了房子就会买家具、买电器，就会带动消费。账不能这样算。房价不高企，他们本来也是要买家具、买电器的；房价不高企，他们本来是可以消费得更多更好的。美国房价上涨，财富效应会增加人们的消费。在中国，我认为房价在高位过快增长反而会压抑国内消费需求。房价过快增长可能绑架中国经济，使其进一步依赖投资而不是消费来维持高增长。

总有人说中国人喜欢买房子。也许吧，但这绝对不是主要原因。主要原因是房子在不断地增值。房子不断增值，消费的成本就高。大家记住了，你把钱用来消费，就放弃了买房子获得的增值收入。房子不断涨价，你当然要省吃俭用攒钱买房子，买更多的房子，而不是更多地消费。现在房价下跌，还有人喜欢买吗？当然还有别的原因，就是钱没有别的去处。

其三，高房价还剥夺穷人、补贴富人，导致两极分化。

道理其实简单不过，能够分享资产泡沫盛宴的人不可能是穷人，相反，他们还要承担因为房价上涨而导致的租金上涨。老实说，我认为中国的房地产已经成为一个收入转移的巨大机器。只不过，这个机器从事的是将广大中低收入人群的收入向少数高收入人群和特权人群转移的工作。今天很多大学生的理想不是搞科研、干事业，而是能在城里买套房子，买上车子，安顿下来。我们谈中国梦，我告诉大家，这就是很多大学生的中国梦。

此外，高房价还提高利率，制造钱荒。

自然之水低处流，货币之水却是往收益最高的地方流淌。当资产价格百分之五十、百分之一百上涨的时候，反过来又会产生更大的资金需求。其结果，愈是扩张货币，资产价格愈是狂涨而得不到控制，资金需求愈强，社会愈是缺钱。近年来，民间利率高昂，是货币少了吗？不是，是货币多的缘故。实体经济经营困难，是货币少了吗？不是，还是货币多的缘故。

泡沫化与高杠杆化紧密联系。泡沫化中，没人愿意让钱久留手中，同时更多的人希望借钱花。一笔可用资金，你花出去，变成他的收入和存款，经过金融中介，又变成另外一个人的借款（可用资金）……不断循环，债权债务链无限延伸，M2跟着膨胀起来。这种债权债务链的拉长是高杠杆化的一个方面，而M2巨幅膨胀正是高杠杆化的外在表现。泡沫化中，赚钱那么容易，银行不会让其钱做存款被提取准备金，做贷款接受利率管制。理财产品于是应运而生。理财产品让银行可以将储户的钱全部用于生利，并且不接受利率管制。其他非银行金融机构也会尽可能地把每一分钱都放出去生利。中国的理财产品从无到有，短短几年达到13万亿，非银行金融机构爆发增长，正是银行等金融部门在规避监管分享资产泡沫。这是高杠杆化的第二个方面。

如果价格继续上涨，问题不会暴露。但是，不说这要以不断增加货币供给为条件，不可能总是这样，即使货币总能快速增长，当泡沫化足够大杠杆足够高，只要有个风吹草动，一笔坏账产生（这是难免的），就会带出庞大的坏账来。大量坏账出现，而银行等机构对于债权人的支付是刚性的，“钱荒”和高利率于是必然产生。

资产泡沫需要不断的资金流入才能维系，但这显然不可能；资产泡沫化导致实体经济空心化，孱弱的实体经济终究也会无法支撑过度膨胀的资产市场，最终资产市场坍塌也就成为必然。房地产已经占了中国经济的三分之一强，房价大跌，必然重创经济金融体系，导致经济社会危机。房价涨不是，降也不是，这真是怎一个难字了得！

2013年8月

房价经济双跌已经很难避免

对于中国房市看多还是看空，我是以2013年6月作为事件节点的，此前，我是看多中国房市的。并非我认为中国房市没有泡沫，正相反，我认为凡是资产市场，在价格上涨的过程中，都会形成泡沫。但是你不能简单根据房价收入比、房租价格比、空置率来判断房市有没有泡沫，更不能以此来判断泡沫破裂的时间。

中国是高增长国家，收入在快速变化。今天你看房价收入比、房租价格比和空置率高了，但是过几年收入增长后，又不高了。这就是为什么自2005年以来就有人根据这些指标判断中国房市有泡沫，宣称很快要破裂，可是泡沫不但没有破，反而房价一路高涨的原因。

中国的基本政治经济制度也不同于其他国家。中国土地国家所有，缺少承载货币收入的有效载体；中国基本政治制度决定了，相对来说政府怕经济下滑失业增加，胜过怕通货膨胀，而且政府也具有超发货币来救经济的便利。当然还有其他原因，但这两点最重要。所以我一直讲，我不知道泡沫什么时间破裂，但我知道中国泡沫可以做得更大，延续更长时间。

但是2013年6月后，我开始唱空中国房市，正式唱空是在8月4日深圳岭南大讲堂上。为什么？因为资金链已经绷紧。2013年6月底出现“钱荒”，银行间隔夜拆借利率高达两位数。

按常理，钱荒和高利率是因为钱少，可中国当前却不是。当前中国的钱荒和高利率恰恰是因为钱多、经济泡沫化和高杆杠化。钱多导致泡沫化；泡沫化导致人们不愿意持有钱，同时不断借钱花，想方设法把每一分钱都花出去，于是经济高杠杆化，资金紧张，利率高昂。

2008年，中国的M2只是世界第三，但到了2012年末就一跃成为世界第一，并且是美元的1.5倍。要知道，中国的GDP只有美国的60%，而且美元还是国际本位货币，世界通用。M2主体是存款货币。一笔钱，我花出去变成你的收入和银行存款，银行贷给她，她花出去又变成他的收入和银行存款，不断延伸下去，M2就膨胀起来。M2的巨幅膨胀，说明一笔钱被反复借贷，债权债务链被无限延伸。一旦某个环节出了问题，就会像多米诺骨牌一样，产生出一连串的债务，制造巨大的资金需求，造成"钱荒"和高利率。

5年前，你不知道何为理财产品吧？但今天无人不知，无人不晓。你把钱存银行，银行的客户经理会主动联系你，劝你把存款买成他们的理财产品。这不是让你把放在他右兜的钱挪到左兜吗？干嘛？因为这样可以规避20%的法定存款准备金。过去你存银行100块钱，银行只能拿其中80块贷款生息。变成理财产品后，他就可以把100块钱全部用来放贷了。正常情况下，一个人、家庭、企业、社会，不会把所有钱都拿去贷款生息吧？可是我们却是这样在做，你说这钱怎么可能不紧张？

泡沫需要资金来支撑，钱从哪里来？存量资金已被用尽。指望政府继续开闸放水？但问题恰恰是因为水太多造成的。不想将来死得更惨，就必须挤泡沫去杠杆，力道多大的确是个技术活。

土地总有卖不动的时候，所以必须寻找土地财政的替代税源，广义上的房产税迟早要开征；经济要转型，土地流转也无可避免，那么容纳货币收入的抽屉就不只是房地产了。

这就是我开始唱空中国房市的理由。我不只是这样说，还在这样做。我在沈阳卖了一套房子，2013年7月份挂出去，10月才成交，还小幅降了两次价。2014年沈阳浑南房价降了近2000元。

今天经济下滑，稳增长再次成为焦点。总理说"'强'刺激，不会强刺激"，应该是重改革、适度货币、松财政，还得依靠投资。但经济下滑，利率奇高，反映的是前期投资错误，并不反映经济社会的真实需要。投资还能够解决问题吗？

我认为漫天雾霾以及农民工短缺，说明中国经济增长并不低。有人说大学生就业难说明增长率低了，那我要告诉你，大学生就业根本就不是反映经济景气的好指标，大学生要是都好就业，那经济就严重过热了。

本来应该在经济好的时候裁减公务员，减少非生产性支出，可惜错过了好时机，宏观政策空间在越变越小。减税、放松管制、推进国有企业改革，势在必行。应该放开限购，推进土地私有。这对房市有一正一负的影响，负面多一些。但城郊和农村的需求会上来，土地私有也会增加效率。土地不私有，依靠投资拉动经济就无法改变。

短期看，房价均价跌过30%的可能性不大，真到这个临界点，政府极有可能再次大救市。中国经济不大可能崩盘，但会一点点掉下去。列位看官，且看我的这个推断准不准。

2014年5月

央行告诉我们现在不能买房子

2014年5月12日上午，央行副行长刘士余召集15家商业银行负责人座谈，要求优先确保住房贷款。他说："各行要在现有资源情况下，根据市场需求，优先确保住房消费贷款。个人住房贷款有经济增长的稳定功能，金融系统一端连着民生……只能加强、改善，不能改变和丝毫动摇，（个人住房贷款）是包容性金融、普惠金融的重要组成部分，必须坚持社会主义金融方向。请各位回去给党委传达，这不是我个人意见，是央行党委会的意见，必须讲政治。"

央行要求不许停止个人房贷，这无疑是在救市。在经济下行、楼市疲软、房价看跌的背景下，央行的这一行动，显然是在为楼市打气。央行担心因为房价大跌，房奴断供弃房。若大量出现弃房现象，将可能引发金融危机。央行督促银行保证发放房贷，是在增加消费者买房的"能力"。希望消费者购买力增加，在一定程度上能够支撑现有的房价水平。

我不去说商业银行会在多大程度上听命于央行，毕竟商业银行也要考虑资金安全。这正是此前商业银行大幅减少甚至停止个人住房贷款的原因。

我想说的是，就算商业银行听命于央行，放开了让人贷款，还有人大规模贷款买房子吗？

想当初，政府调了十年房价，什么办法都想出来了，只有一个办法不用，就是减少货币发行。结果怎么样？调来调去，房价翻着倍地往上涨。其实真要调房价没有那么难！小孩都知道，你要堰塞湖的水位下降，只有两个办法：一是不要再往湖里注水；二是给堰塞湖开个口子，让水外泄。但政府偏不，他非得撑个船在水里东一耙子西一扫帚，说这样就是调房价。

现在要想堰塞湖的水位不下降，也只有两个办法：一是继续往湖里注水；二是堵上口子不让水外流。但是堤坝已经摇摇欲坠了，你敢大规模注水吗？今天的“钱荒”、高利率，并不是钱少造成的，而是钱多经济泡沫化和高杠杆化造成的。对此，我在系列文章中详细讲过了。

人们买房子，不会只看当前的价格，还要预期未来三五年的价格。未来，经济下滑，卖地收入减少，在财政压力下房产税迟早是要出台的，并且在财政压力下，房产税率最终一定会大幅上升。未来，土地必须私有，否则经济也会因此不能实现转型和降低制造业成本而失去活力。广阔的泄洪口必然要挖。中国的房子未必真的少，一个刘志军三百多套房，一个抚顺的小科长，二十多套房。要它干什么？等着升值呗。一旦没有了升值预期怎么办？

中国的房市早已经脱离商品属性，而深深染上了资本属性。换言之，很多人买房，并不是为了自己住，而是为了等着升值。没有了升值预期，你还捏在手上干什么？

其实，房价大跌的预期一旦形成，就断然不是央行的这一个政策可以救得了的，央行这样急三火四地跳出来救市的举动，于我看来是加重确认了房价将会大跌的预期，因此，我个人是不会在一年之内买房的了，就算有“刚需”也要等等。这一回大家应该会明白，所谓“刚需”的概念是多么不着边际了吧？政府让你种粮，你养猪准没错。政府不让你买房，那么买就对了；现在让你买，你可千万要等一等呀！

2014年5月

限购令没走限降令来了

根据杭州市相关政府部门的规定，从2014年5月23日开始，如果商品房实际成交价低于备案价格超过15%，那么将通过技术手段限制网签。这意味着传闻中的限降令将开始实施。开发商降价被有关部门约谈，这早已不是什么新闻了，但以正式规定的形式限制降价还是第一次。

有趣，限购令没走，限降令来了。

我的问题是，当初限购令限制房价上涨了吗?

房价好比湖中的水位，水位上涨，只可能是向湖中注水，并且不开闸泄洪。房价高企，只有两个原因：一是向房市注入了太多的水；二是房市中的水没有泄洪的地方。

中国的M2在2008年的时候全球第三，但是截至2012年年末，就达到97.42万亿元，居世界之首，是美元的1.5倍，比整个欧元区的货币供应量还要高。由此你就知道整个经济有多少水了。中国由于土地公有，就没有为货币泄洪的地方。这不难理解，假如土地私有，很多人就不买城里的房子，而去农村买地，960万平方公里的土地就会成为吸收货币收入的海绵。然而因为土地公有，这个海绵没有了。那么钱到哪里去？由于体制原因，股市又不争气，于是都憋在了房市。这就是中国高房价的原因。

要降房价，只有两条路，一是减少货币注入，二是开闸泄洪，舍此没有第三条路。

实际上，当人们预期房价上涨的时候，限购令是不可能降房价的。限购令虽然严厉，但是在货币和信贷总量不减少的条件下，它只是把购房需求冻结在那里，并没有真正减少需求。限购令冻结了需求，但也抑制了供给。手中已有的房屋变得更加稀缺，人们反而不会卖出手中的房子。想想看，在限购令下为了搞到房子人们不惜假离婚，他怎么舍得卖出呢？

现在要房价不下降，也只有两个办法：一是继续往湖里注水；二是堵上口子不让水外流。可今天所有的问题，都是前期货币过度超发的恶果。今天的“钱荒”、高利率，并不是钱少造成的，而是钱多、经济泡沫化和高杠杆化造成的。堤坝已经摇摇欲坠，你敢继续大规模注水吗？当房价下降预期已经形成，即使取消限购，人们会宁肯让钱闲在账户上，也不让其流入房市的。

要房价不下降，更加不敢开闸泄洪。你信不信，房价下跌，土地流转这事就会放慢下来。

在中国这样一个投机市场上，心理预期对房价有决定性影响。老百姓不知道，房价上涨的时候设置限购令并不能降房价，房价下跌的时候取消限购令也不能托房价。然而有那个东西摆在那里，他们还以为有需求锁定着，因此对市场会少一点恐慌。你信不信，如果真的取消了，大家看清楚，那不过是个皇帝的新衣，那么恐慌就会加剧，房价反而会加速下跌。

取消限购不能阻止房价下跌。直接限制降价能不能呢？

掩耳盗铃，铃就不响了吗？

你把火车票价压得低低的，人们就真的能够得到便宜的火车票了吗？你把最低工资抬得高高的，工人就能挣到高工资了吗？价格并非是名义上的货币价格，而是获取东西的真实代价。供求不变，真实代价不变。人为把货币价格压低，非货币价格就会上升；人为把货币价格抬高，非货币价格就会降低。你把火车票价压低，排队购买就会出现；你把最低工资拉高，托关系找工作就会产生。把这些非货币价格考虑进来，实际代价没有变。你不让房企降价，它可以送装修、送花园、送物业费，以及抽奖送大礼买等等，这是不是降价呢？

最重要的是，房价为什么要降呀？供过于求，人们预期房子要降价，不买了。现在政府限制企业降价，增加购房需求了吗？降价都没有人买，不降价难道还有人买吗？

政府限制企业降价，减少房子供给了吗？如果你政府能保证企业现金流不出问题，不出现破产倒闭，倒闭了也不能降价清产核算资产，同时还要保证企业不会出现变相降价等情况发生，换言之，就是真的能把企业手中的房子长期锁定，那么是减少了房子供给的。但是，你政府无法阻止企业变相降价。你能阻止企业变相降价，你能阻止千家万户手中的二手房降价吗？既然是要限制卖房，何不直接搞一个限卖令，还要绕个大弯搞什么限降令？

我给政府出一招，干脆不允许任何交易，岂不是房价就冻结在那里，既不涨又不降了！

2014年5月

房价有别股价

经济学行内的众君子认为，预测股价的具体走向近于算命。我同意这个观点。不过这并不是说对于股市的一些基本属性就不能把握。比如，我就认为中国股市具有大涨大跌的内在属性。理由有二：

其一，中国上市企业主体是国有控股企业。须知，在市场经济中国有企业是不可能有内在投资价值的（垄断企业例外），我于是推断中国股市主要是投机的市场，而不是投资的市场。大家进入股市，关注的重点不是股票的红利收入，而是股票买入卖出的价差收入。那也就是说，中国股市的上涨注定要靠资金来推动，而不是靠企业业绩来支撑。虽说任何股市都有投机的成分，但中国股市投机成分毕竟太重。一个投机的市场必然表现出大涨大跌。

其二，国企高管的行为和西方上市公司高管有着根本的不同。西方上市公司的高管需要努力维护股票价格，因为假如股价大跌，那么就容易被人收购，从而失去高管的位置。我们的国企不一样，虽是上市公司，但老总由政府任命，即使股价大跌，也未必影响其位子。或许，他们还盼望股价大涨大跌呢，毕竟近水楼台，在大涨大跌中自己也参与“炒”一把，不是很好的事情吗？这进一步使中国股市的大涨大跌属性有了某种制度上的保障。

尽管我们知道中国股市具有大涨大跌的性质，但还是无法判断它涨到什么时候止，也不能知道它跌到什么时候停。没有错，长期来看，股票价格是企业未来盈利的折现，这似乎表明股票价格有一个参照。但是，我们又怎能准确预测一个企业的未来盈利？短期来看，股票价格主要取决于人们的预期：一是你预期别人怎样判断股价，二是别人预期其他人怎样看待股价。但预期是一个主观的东西，我们怎能准确把握？一个毫无价值的东西，如果大家预期它要涨价，那么它的价格就真的要上涨。当年荷兰郁金香被炒成天价，就是预期的自我实现的过程。

对于微观个股来说，我们很难判断其价格走向。这并不是不能根据一些事实和事件对企业股价做出某种基本的判断，而是当这样的信息到达你我大众的耳朵里的时候，市场早已做出了反应，当你我大众行动的时候很可能已经迟了。这就引出了我做股票的一个原则：只有51%以上的股票可能上涨的时候才进入，否则，市场怎么热闹我也不动心。

怎样断定51%以上的股票可能上涨呢？古老的办法是，当市场一片萧条，众人都不进场的时候，可能就是进场的机会了；当市场一片繁荣，大家都兴奋不已的时候，可能就是退场的时候了。这办法自古相传，可是大家不容易做到，根本没有意识到这是投机市场上获利的黄金定律。我自己附加的办法是：虽然不能对个股的价格做出判断，但是这不是说不能对大盘的走势做出基本的判断。可以拿大盘的平均红利收益率与长期市场利率做比较来判断股价在长期里是否能够得以维持。对于单个的个股来说，其红利收入我们很难预期，但是几千只股票的平均红利收入波动幅度就窄了，于是我们可以做上述比较。这办法未必精确，但大体正确。

今天中国的股市怎么样？A股市场的平均红利收益率是0.2%，而市场利率不会比它低吧。在这种情况下，如果没有大规模的新的资金进场，股价是维持不了的。不排除庄家在股市里将指数拉上拉下，但是，只要没有场外大资金进场，这场面终究是维持不下去的。今天的股市，人气怕是凉下来了吧，所以我推断股市进入较长的调整期了。

上述办法当然很难在最高点卖出，也需要等待才有机会进场。朋友形象地说我是咬一口就走。但我自己认为，我是有工作的人，不值得花太多的时间研究股票。更为重要的是，我认为花了时间研究也不一定能研究明白。我倒自认为，综合了股票收益和非股票收益，我是实现了约束下的利润最大化的。2007年5月30日之前，我将所有股票抛了。5月30日之后，不断有人给我打来电话，要向我推荐股票，然后彼此分成，我不曾心动。走到今天，回过头来看，5月30日后有几个散户是赚了钱的？是的，在一个20%的股票大涨、80%的股票不涨或者下跌的市场里，哪里有你我大众获利的机会。所以我真心认为，在中国的股市上，一定要有很大的耐心才行。我也真心认为，讲什么奥运之前股市还要大涨的人，不是无知就是别有用心。

中国的房市又怎样？和股市相比较应该怎样看待中国的房市呢？

不排除房市存在泡沫的可能性，但是房市与股市到底有本质的区别。房市是有强大的真实需求作支撑的，我们不能完全把中国房市叫作投机市场。我提一个问题，和世界上其他国家相比较，人均收入相同，应该是我们的房价高，还是其他国家的房价高？我的看法，应该是我们的房价高。如果世界上其他国家拿出30%的收入用于购买住房的话，那么我们可能不得不拿出50%甚至毕生的收入用于购房。不因为别的，只因为土地国家所有，收入没有去处，不买房子又做什么？假如人均收入相同，那么我们的房价应该高于其他国家才对。

不要看我们的房价高于美国的了，就简单地认为房市有泡沫，房价要下跌。也不要认为房价收入比、房租价格比高于美国了，就简单地认为房市行情结束了。要知道，中国经济在高增长，今天看房价收入比高了，房租价格比高了，但收入提高后就会变得不再高。

还有，大家住上比较好的房子，也就是最近七八年的事，城市里还有相当多的人一家只住几十平方米。不要小看了今天中国城市化、工业化的程度。名义上，我们的确还有7亿农民，但这只是从户籍身份来讲的。其实我们更应该看这些人在做什么，又是在哪里做事的。我的老家在四川最偏远的农村，如今家乡只剩下老头老太太，年轻人全部外出打工去了。连孩子都到镇上上学去了。单从老家情况就可以推断有多少农民实际上在城里务工。我们了解这些进城务工人员的居住状况吗？他们的居住状况远远谈不上改善。这些都是潜在的巨大的住房需求。我相信，只要中国经济持续高速增长，这些潜在需求最终是要变成真实需求的。

再者，二十世纪七八十年代人口高峰期出生的人口，近几年将陆续进入结婚年龄。我在高校教书，自认为比一般人更了解这些年轻人。你去问他们，婚后愿意和父母一起住吗？基本上没有愿意的。所以，不要看到一些家庭有两套房子，就认为那不是真实的需求，也不要看到住房空置率高，就认为真实需求是不足的。人们之所以敢于让房屋长期空置而不降价销售，是因为他们相信长期里巨大的潜在需求要变为真实的需求。

供给方面，政府控制土地供应，并且维持土地国家、集体所有的政策看来不会根本改变。

需求在增长，供给被限制，钱还没有别的去处，房价怎么下跌？

2008年初，北京、上海、深圳、广州、大连的房价开始下跌。身在沈阳，不了解其他城市的具体情况，但我乐观地认为沈阳的房价不大可能下跌。沈阳二环上的房子也就每平方米4000元。高吗？我不认为高。关键是从什么角度来看是不是高了。2003年我刚去沈阳师范大学工作的时候，黄河北大街上车子可以飞起来，但是今天看看，八车道的大街也常常堵车。也就是2004年，校园里只有伸出手掌就能数得过来的几辆车，但是如今校园里差不多快要没有停车的位子了。不妨再问一个问题，大家是先买车子还是先买房子。应该是先买房子后买车子吧。想想看，中国经济从2002年到2006年翻了一番，这应该创造了多么巨大的购买力。

北京、上海、深圳、广州、大连的房价下跌，我看对于房价不是偏高的城市来说未必就是利空的消息。钱总是要寻找出路的。上述地区的房价下跌，很有可能是资金流向房价相对偏低的城市，反而可能推动这些地方的房价上升。

政府没有必要打压房价。政府要做的是控制金融风险就行了。可以提高首付款的比例，但这是为了防范可能出现的金融风险，而不是为了控制房价。再说了，如果政府真要控制房价，那么约束货币发行，大规模增加土地供给好了；把土地界定给个人，给收入找到新的广阔的载体不就行了吗？不要担心耕地减少和粮食安全的问题。中国工业化和城市化的程度实在超过了我们认识的程度，那么多的农民在城市做活，只是没有从根本上离开乡土罢了。如果房价真能降下来，这些人就有可能迁出原来在农村的住所，真正在城里买房子定居下来，那么原来的住宅用地就会重新变为耕地，最终结果从全国来说反而应该是节约了土地。

2008年3月

水多了是洪灾，钱多了是什么？

“中国是一片神奇的土地，这片土地什么奇迹都能发生。谁说小草一夜之间不能长成大树？谁说冰窖转眼之间不能变成火炉？谁说在世界经济一片萧条之中中国楼市不能逆势飞扬、高歌猛进？仅仅半年时间，楼市就发生惊天大逆转，从低迷、寂寥和败落，转变到火热、激昂和高潮，成交量成井喷式爆发，买楼就像捡白菜，几千人连夜排队争抢几百套房源；房价如同搭上了火箭，腾腾直窜，几乎每个小时都在上涨，北京房价眼看就要突破3万关口。如此疯狂的楼市，正在折腾国家经济，正在透支中国经济的未来。”

这是手机上一篇没有署名的文章对于中国楼市的描述和分析。有一些夸张，但基本上是事实。至少，对于一些一线城市而言基本上是事实。而我要加的一个小注是：姐姐住在穷乡僻壤的剑阁县白龙镇，这些年因为送两个孩子读书上大学，一直没有能力建新房子。她说，本来希望手头攒够了钱，再建新房子，但是看样子攒钱的速度是赶不上房子涨价的速度了。于是痛下决心，借钱也要先把新房子盖起来。

她看好了离镇中心最边远的一条公路旁的一块地（根据自己的财富约束了）。姐姐征求我的意见，我说，如果你自己住，当然可以。如果你想建了将来卖，那么要考虑地震过后大规模建房的事实。头天姐姐、姐夫与卖方初步谈好了，三间半房子的地基（当地丈量地基的一种方式，每间房开间3.8米，入深10米），8.4万元。第二天，我陪姐姐再去的时候，卖方就低于10.5万元不卖了。

白龙镇的情况有些特殊，属于地震灾区，政府对于受灾房屋重建有一定的补贴和其他优惠，建房需求巨大，不过人们看涨的心理是可见一斑的。

不需再讲房价上涨的事实了。这里我要重点分析一下房价上涨的原因、含义与后果。

抽象地讲，房价由供给和需求两个方面决定。这供给一方，是需要做调查研究的。我没有调查，因此没有发言权。单说需求一方吧。说得通俗一点，一定是钱多了。2009年上半年，新增信贷总额达到7.37万亿元，比2008年同期上涨了28%。据说，上半年流入房地产的信贷资金少说也有8000亿元。财政部会计司称，一些上市公司可能将部分银行贷款投入了股市和房地产市场，从而在国内市场中制造了虚假繁荣的局面。说得太含蓄了，不是可能，这就是事实。稍微对实际有所了解的人都是知道这一点的。并不仅仅是金融危机爆发后的今天，企业才将钱投入房市和股市牟利，而是早就开始了的。但是金融危机之后，实体经济恶化，短期难见好转，极度扩张的货币政策又造成流动性泛滥，这样做的企业就更多了。

中国经济总体上是一个产能过剩的经济，这是由我们的经济体制所决定的。体制性的“投资冲动”“消费压抑”仍然是中国经济的主要矛盾。想当初，1998 ~ 2003年，中国经济一直处在紧缩的阴影之中，只是因为加入WTO，强大的外部需求才使中国经济没有陷入紧缩之中。曾经有日本和美国人指责中国向世界输出了紧缩，不能说一点道理也没有。当然，一个巴掌拍不响。没有西方的高消费、超前消费，中国是不可能单方面向世界输出紧缩的。这也正是华尔街金融危机爆发的重要原因之一：中国的大量廉价商品抑制了美国的物价上涨，因而美国可以长期、大规模地实施扩张性货币政策而不致引发通货膨胀。然而，货币扩张之下的钱并没有进入实体经济，而是引发房地产和股市价格大幅上涨。在“居者有其房”政策目标的追求下，“房地美”“房利美”代表政府承担一部分购房风险，进一步地推高了房地产泡沫。是泡沫，终归要破裂的，于是有了华尔街金融危机的爆发。

这里涉及在虚拟经济过度膨胀的今天，怎样看待货币数量论的问题。理论上，货币量过多，最终是要引发物价上涨的。但是今天的经济早已不是20世纪初叶的经济了。虚拟经济过度膨胀，货币扩张，钱首先流入的不是商品和劳务市场，而是货币和资本市场；首先上涨的不是商品和劳务价格，而是资产价格（在货币自由兑换条件下，汇率会下降）。而且，这中间的传导时滞无疑带有很大的不确定性。这正是蒙代尔、麦金农等所强调的货币市场、资本市场、商品和劳务市场反应速度不一样的问题。理想的办法是，把资产价格也纳入通货膨胀指数的篮子中。但实际上没有那么简单，因为资产价格受到预期和不确定性的影响具有易涨易跌的属性，怎样把资产价格纳入通货膨胀指数的考虑之中还是一个世界性的难题。

无论如何，不能因为没有通货膨胀就可以随心所欲地挥洒货币。在虚拟经济过度膨胀的今天，以是否有通货膨胀来确立货币政策本来就是危险的。而在中国这样一个因为体制性“投资冲动”和“消费压抑”而面临潜在紧缩压力的国家，如果以是否有通货膨胀来确立货币政策，用货币扩张的需求管理替代制度改革来避免潜在紧缩的发生，那么就太危险了。或许，通货膨胀到来之时，便是“滞胀”开始之日。

尽管我反复强调外需对于中国经济长期发展至关重要，但是请记住，不要指望还有2002～2008年那样强大的外需来吸收国内巨大的产能了。上一轮的世界经济繁荣与西方国家高消费、提前消费造成的叠加效应是有直接关系的，是一种非常规的高增长。一定意义上，华尔街金融危机就是这样一种高消费、提前消费生活方式的终结。危机意味着世界经济将从非常规的高增长回归到常规增长上，我们的出口应该不会再有28%的增速了。此一时，彼一时，1998年的宏观调控应该是不容易成功复制到今天的。由于中国的经济波动除了具有市场经济的一般性原因之外，更多的是转轨经济的特殊制度原因，因此最终我们还得依靠改革才能解决问题。

美国长期的、大规模的货币扩张导致华尔街金融危机，中国的货币扩张会导致金融危机吗？我的回答是，可能性不大。不是说中国的资产泡沫不会吹得很大，而是中国特殊的政治经济体制可以避免银行的大规模倒闭，而且中国也具有避免房地产泡沫大幅破裂的条件。当然，并不是说这样做是没有代价的。凡事都有代价，天下没有免费的午餐。中国的资产泡沫，特别是房地产泡沫的真正危害在于对制造业的伤害。不要整天高科技、高附加值地在那里喊，能挣钱、能挣更多的钱的事还要你们成天在那里喊吗？像我们这样人口众多、人均资本贫乏、人力资源含量又不高的国家，必须依靠处在盈利边际上的制造业参与国际竞争来发展经济、改善民生。

房价上涨可不是简单的工业厂房、商业店铺成本上升的问题，而是劳动成本上升的问题。想想看，房价高企，工人的生活成本就不可能低。因房价高企而导致的工人生活成本的上升谁来承担？一个性质相同的问题是，商品消费税是由消费者承担，还是由企业承担？答案是，由消费者和企业共同承担。产品的需求弹性高，企业承担的就要多一些；产品的需求弹性低，消费者承担的就要多一些。同样的道理，房价上升对于工人生活成本的提升也是要由工人和企业共同承担的。这就是交易的性质。我们不要只是看到交易双方对立的那一面，还要看到双方利益一致的一面。你的成本其实也是我的成本，你的收益其实也是我的收益；当然，我的成本也是你的成本，我的收益也是你的收益。科斯定理讲的无非就是这样一个交易的性质。

所以，当看到中国有几个城市已经进入世界生活成本前25位的时候，我不免忧从中来。我们远没有达到人家那样的人均收入，却承担着和人家一样的高成本，未来依靠什么来参与国际竞争呢？

而且，流动性过剩，经济就会充满投机性，人们就会热衷于挣快钱，干短、频、快项目，而不是去从事技术创新、新产品开发这样的长期项目。这对于竞争力的培育和长期经济发展显然是极其不利的。在我看来，当前股市和楼市的火爆正是经济充满投机性、人们热衷于挣快钱的结果。不要将股市和楼市的火爆看作是实体经济企稳回暖的信号，告诉你，股市和楼市的火爆恰恰表明实体经济非常困难。

不只如此，房价过快增长还可能压抑我们本来亟待开发的国内消费需求。同样是在文章开头提到的那篇文章，讲到上海一家房地产公司的销售调查表明：40%的购房是刚性需求，40%是改善性需求，20%是投机需求。

先说那40%的改善性需求。姐姐建房是改善性需求了。她之所以选择建房，是出于现在不建地价会更高的恐惧。她是负债提前来建她的改善性住房。她说了，先把房子建起来，暂不去住。我的判断，为了建这个房子，她必须得省吃俭用了。

再说那40%的刚性需求吧。侄儿参加工作没有几年，结婚买房子，二哥资助一点，他的岳父母资助一点，自己攒了一些，再贷款一些。这是刚性需求了。为了他买房子，三家人恐怕都得节省开支了。病中的老妈还不忘记给我讲述侄儿媳妇会过日子。我的老妈呀，不会过日子行吗？

不要以为，买了房子就会买家具、买电器，就会带动消费。账不能这样算。房价不高企，他们本来也是要买家具、买电器的；房价不高企，他们本来是可以消费得更多更好的。美国房价上涨，财富效应会增加人们的消费，在中国则不同，我认为房价过快上涨反而会压抑国内消费需求。人们怕错过了房价上涨，而将消费支出部分甚至大部分用于购房。房价过快增长可能绑架中国经济，使其进一步依赖投资而不是消费来维持高增长。

老实说，我认为中国的房地产市场已经成为一个收入转移的巨大机器。只不过，这个机器进行的是将广大中低收入人群的收入向少数高收入人群和特权人群转移的工作。

大家关心，房价还会继续上涨吗？我的回答是：是的，还会上涨。理由如下：国际经济前景还不明朗，国内实体经济企稳回暖还缺乏稳定的基础，扩张的货币政策还不会逆转，而房价上涨的预期已经形成。在这种情况下，即使中央政府有控制房价过快上涨的意图，也缺乏有效的手段。更何况，在地方政府的内心深处，从来都是希望房价上涨的。

水多了是洪灾，钱多了是什么？“地王”频现，房价高涨，应该不是中国经济的福音吧！

2009年8月

房子大蒜辣椒涨价的背后

房子、大蒜与辣椒，风马牛不相及的三样东西，2010年竟然在华夏大地共同演绎着一场价格暴涨的大戏。据报道，和2009年同期相比，大蒜价格上涨了50倍；辣椒一个月上涨50%；一些城市一年来房价上涨达到150%。虽然因为没有集中的交易市场，地区差异很大，房价整体上较不易观察，但是全国各地房价再创历史新高是没有疑义的。

这是通货膨胀吗？抑或如有关人士分析的，是通货膨胀的前奏吗？

要看通货膨胀的定义了。假如我们狭义地定义通货膨胀为消费物价指数的上涨，那么我要说：虽然这一次因为流动性过剩近于泛滥而的确是这样，但是一般来说却未必如此。

费歇尔讲：凡是能够带来收入的都是资产。给人带来收入，还是给人直接的效用与满足，这是资产区别于一般商品和劳务最本质的一点。我们需要一般商品和劳务，是要从其消费中得到直接的效用与满足。但我们需要资产，却不是为着直接的效用与满足，而是希望它能给我们带来收入。这决定了资产价格主要决定于预期：如果人们预期该资产价格要上升，那么就会争相持有，其价格就真的会上升；如果人们预期该资产价格要下降，那么就会减少持有，其价格就真的会下降。这就是房价、大蒜价、辣椒价大幅上涨的主要逻辑。

问题是，这预期要怎样才能形成？或者说，什么条件下，又是哪些商品在这种条件下可以形成涨价预期从而成为能够给人带来收入的资产呢？答案是：首先这商品的需求规模要足够大；其次供给要少弹性；

再次商品的储藏成本不能过高。我要特别指出的是：如果经济流动性泛滥，虚拟经济远远超过实体经济，那么好些大宗商品就具有了成为资产的条件了。

今日之中国正是流动性泛滥，虚拟经济远远超过实体经济。所以不仅仅是房子、黄金、邮票、艺术品等等，大蒜、辣椒等大宗商品也都成为资产而不再是普通商品了。你可以讲，为预防“甲流”人们增加了大蒜的消费，但天底下哪有不吃辣椒的人突然一下子吃起辣椒来的，又哪里有人一下子吃起很多辣椒来的。所以“甲流”只是大蒜、辣椒涨价的契机或者说导火索，却不是价格暴涨的根本原因，至少，不会是大蒜、辣椒涨出如此天价的根本原因。

现在，我们可以回到资产泡沫问题上来了。你问我房地产有没有泡沫，问我大蒜、辣椒有没有泡沫。我可以明白相告：凡资产市场，在价格上涨的过程中都是要形成泡沫的。但那又怎样？我们不能准确知道泡沫何时破裂。尽管已经有泡沫了，但泡沫还可以长大，你能因此而不去捕捉这价格继续上涨的利益？这就是系统性风险。当然，是泡沫总有一天是要破裂的，这一点同样确切无疑。泡沫能够做多大，依赖于经济中流动性的充裕程度。而泡沫愈大，破裂后的破坏性也愈大。没有白来的利益，今天一些人得利，明天必有一些人失利。

老实说，我不知道房地产泡沫什么时间破裂，但我知道大蒜、辣椒市场泡沫在明年新大蒜、新辣椒上市的时候一定会破裂。今年大蒜、辣椒价格暴涨，明年就会有很多种植其他农作物的农民改种大蒜和辣椒。大蒜、辣椒供给增加最终会使得泡沫不可维持。到那时，受伤的将不仅仅是今天的大蒜、辣椒投资客，最惨的当是广大的大蒜、辣椒种植户，成片大蒜、辣椒烂在地里的景象不久就会见诸于各种新闻报道中。

但是中国的房地产不一样，土地供给政府独家垄断。这决定了预测房地产泡沫破裂具有更大的难度，中国房地产泡沫也因此可以做得更大。但就算房地产泡沫不破裂，也不意味着没有危害。这个危害是高房价对于制造业的慢性伤害——高房价提高了生产成本，扼杀了制造业的竞争力；这个危害是高房价的逆向收入分配效应增加了社会成本——高房价已经成为一个将广大中低收入人群的收入向少数高收入人群和特权人群转移的巨大机器。

现代经济生产能力总体上超过了消费能力，而且虚拟经济远远超过实体经济，可以更有力地吸收货币，这决定了不能因为没有通货膨胀就可以随心所欲地玩弄货币。否则，通货膨胀到来之时，便可能是“滞胀”开始之日。

2010年1月

寻底之路仍将漫长

2008年奥运开幕A股呈现再次探底走势，创出调整以来的新低，不免让人再次感到股市的丝丝寒意。知道股市还要下跌，但在“维稳”声中和奥运开幕之时股市暴跌还是有些意外的。

在几乎所有普通投资者认为奥运会开幕式当日股市会见红的情况下，他们不会是做空的主力，真正的做空主力只能是机构投资者，他们在与大多数散户投资者反着做。在广大散户投资者预期落空的情况下，反过来又都加入杀跌的行列。但这样的暴跌是不是非理性杀跌？

普通投资者可能非理性杀跌，但我们没有理由认定机构投资者也是非理性杀跌者吧？

不要觉得股市已经下跌50%～60%，机会就来了，要看股市当初是怎样涨上去的，要看今天的经济形势到底能够支撑怎样的股价。不要只看到中国经济是一个高速增长的经济，市盈率已经回到17～18倍，似乎到了合理的估值区间，更要看到我们的股市到底是一个怎样的微观基础。

在国外，股市的平均市盈率在10～15倍之间，在牛市中，市盈率一般也就在15～20倍之间。由于我们的股市国有和国有控股企业是主体，不仅资产回报率低（500强企业中国有企业的资产回报率只有1%，外商投资企业回报率是8%，私有企业回报率是6%），而且缺乏分红的内在动力，因此市盈率说明不了什么。事实上，好些市盈率只有几倍的股票其股价反而低的可怜。倒也不奇怪，买股票买的是未来的变化，你能指望国有企业未来变好吗？逻辑上，其他条件相同，国有和国有控股企业占主体的A股市场市盈率应该更低才对。

不否认中国经济持续高速增长的基本态势没有改变，但是经济毕竟面临前所未有的困难。尽管CPI有所回落，降到6.1%，但依然不低，而PPI却创出了六年来的新高，达到10%。高企的PPI或者传导到CPI，这会加剧通货膨胀的预期；或者不会传导到CPI，但这也不是什么好事情，投入品价格上涨产出价格却不涨，企业只会变得更加困难。

要知道，由于此前的紧缩政策，以及人民币升值、石油等国际大宗物品价格上涨、新劳动合同法实施、世界经济整体进入衰退期致使出口需求下降等原因，企业的日子已经是很不好过了。根据国家发改委公布的数据，2008年上半年6.7万家规模以上中小企业倒闭。目前除国有及国有控股经济以外的广义民营经济已经占我国GDP的65%～70%，经济发展中的增量部分有70%～80%来自于民营经济。在就业方面，广义民营经济就业人数占第二、第三产业就业人数比重高达85.3%。中小企业大面积倒闭，无疑给整个经济前景蒙上一层阴影。

资金方面，近期美元逐步企稳，人民币单边升值预期有所减弱，加之政府加大了对于热钱流入的控制，热钱流入一定大幅度减少，甚至不排除净流出的可能性。更为重要的是，由于紧缩政策的实施，中小企业资金短缺，据报道缺口高达30%，资金链断裂呈现蔓延趋势。翻开报纸，广告栏里充斥的是寻求资金的广告，手机里经常收到高利贷款的信息。民间借贷利息高达月息1分甚至2分。在这样的情况下，资金没有理由不流出股市进入借贷市场。在通货膨胀没有明显降低的情况下，可以预期，紧缩政策只会微调而不会有根本变化，资金流动也就不会发生根本改变。

供给方面，“大小非减持”始终是悬在股市头顶的利剑。要知道，资本市场重要的功能之一是公司治理，然而我们的上市公司70%的股份都是国家持有，这决定了它们的整个行为还是国有企业的行为，受到国有企业体制上的制约。从公司治理这方面看，我们还有很多问题和潜力，而国有股减持是必然要坚持的方向。在股市从1500点涨到6000点的时候，本来我们有减持国有股的大好机会，但我们没有抓住这个机会。现在变成了一种两难：不减持，我们的资本市场不会建立起良好的微观基础；减持，短期里股市又不能承受其压力。不管国资委李荣融主任怎样表态，有一点可以肯定：只要条件允许，国有股减持是一定要完成的。

放眼世界，必须高度重视世界经济整体进入滞胀期的事实。单纯的滞与胀比较容易治理，但二者结合在一起就不容易对付。

最后，政府频繁干预市场，不仅扭曲了投资者的投资行为，也伤害了广大中小投资者。在政策市中，外力介入或干预的结果，永远是弱者遭遇更沉重的挫折。政府频繁干预市场，最终伤害的是广大中小投资者。好些散户投资者，很可能带着刻骨的伤痛永远离股市而去了。

基于上述原因，预计大盘的寻底筑底之路仍将漫长，且筑底的过程将更趋复杂。

2008年9月

不知市场为何物的立即救市论

不到半年的时间，上证指数从6124.04的高点一路跌到3902.25，不少个人和机构被深度套牢，人气消散，市场转熊。立即救市的主张再度鹊起："如果我们不想再回到2005年前的熊市状态，如果我们还需要繁荣的证券市场来支持国内经济的高速发展，现在必须果断救市，因为市场现在还有一点点牛市幻觉，救市的效果可能会立竿见影；如果市场真正步入绝望的熊市，更大的救市代价也不一定起到多大效果，2006年之前我们有过许多这样的教训。"

很不幸，这完全是不知资本市场功能为何物的荒谬主张。尽管有千万种理由，但我们不要忘记了，资本市场最基本的功能是有效配置经济资源。没有这一条，资本市场就没有了存在的理由。而要资本市场能够有效配置经济资源，纪律是头一条。纪律就是市场有风险，投资者必须自己承担投资的风险。假如一有风吹草动，政府就出面救市，那么投资的风险何在？投资者还会仔细甄别企业和投资项目、谨慎做出投资决策吗？如果投资者都不需要仔细甄别企业和投资项目，谨慎做出投资决策，那么我们的股市就只能剩下如吴敬琏所讲的赌场性质了。又如高小勇所讲，赌场还要承担风险，于是我们的股市将变得连赌场也不如了。

记不起曾经在英国还是美国，当时一家银行发生了信贷危机，出现挤兑，但是这个国家的中央银行行长并没有在第一时间做出救助的决定。不是这位央行行长不知道银行挤兑会造成连锁反应，出现金融危机。他讲得深刻，必须要让银行知道金融纪律，要让银行承担风险，接受不当经营的惩罚。后来央行虽然出面对市场进行了救助，但只是为了避免事态进一步扩大和恶化。央行没有在我们一些人认为的“第一有利时间”救市，而这个不当经营的银行到底接受了市场纪律的惩罚，宣告破产。

中国股市本来就是投机而不是投资的市场，具有暴涨暴跌的内在属性。对此，我在《中国股市是投机市场不是投资市场》（《经济学消息报》749期）、《国内市盈率为何总是高位运行》（《经济学消息报》791期）、《股价是不同于房价的》（《经济学消息报》792期）系列文章中进行过分析和说明。如果我们的政府动不动就出面救市，那么只能是固化并助长股市的投机性质，使其失去本来就不多的有效配置资源的功能。日久天长，政府还将被套牢陷入被动而不能动弹。

问题还在于，政府未必能够有效地救市。

不要被转折点上政府政策起了“关键作用”的假象所迷惑，那个政策不过是压倒驴车的最后一根稻草。要知道，在导致转折点出现的那根“草”加上去之前，政府是加了无数根“草”的，而这无数根“草”都没有起到什么作用。从1993年到1996年，政府是加了很多根“草”才让经济软着陆的；从1999年到2003年，政府是加了很多根“草”才让经济走出衰退阴影的。2004年，当长三角已经出现用电紧张和民工荒的时候，政府还在思考通过新农村建设避免经济衰退的事情呢。这些年，政府对于房价的调控，恐怕不知道加了多少根“草”吧，到今天也不能说有效控制住了房价。从2001年到2005年，政府为什么不对那样的熊市进行调控让其走牛呀？2006年、2007年，面对那样的“疯牛”，政府调控使股市成为持久上升的慢牛不是更好吗？为什么都没有办到呢？所以，不要轻易相信政府的调控能力。由于资产价格具有“非理性繁荣”的性质，我们就更没有理由相信政府的调控能力了。

或许要问，美国不是也在救市吗？要知道，中国与美国是有许多根本性差异的。美国是一个负储蓄的社会，很大程度上，人们要靠信贷过日子。资产价格上升，人们能够获得更多的信贷，从而才有较高的消费和投资；资产价格下跌，人们能够获得的信贷就有限，于是消费和投资就有可能不足。中国是一个高储蓄的国家，不否定股市的高涨可能推高消费和投资，而股市低迷多少也影响消费和投资，但是这种联系到底间接得多。就是说，美国实体经济与虚拟经济联系紧密，中国两者之间的联系则远没有那样紧密。

表面上，美国是在调控资产价格、虚拟经济，但实际上，美国是在调控实体经济。表面上，美国以资产价格和虚拟经济为调控目标，但实际上，美国完全以实体经济为调控目标。我们以为美国在救市，在调控资产价格，却不知道，那不过是美国调控实体经济的手段罢了。

就算政府不救市，股市走熊，甚至长期走熊，难道天就要塌下来吗？从2001年到2005年，股市熊到了无以复加的地步，中国经济不仍然持续高速增长吗？不否认，如果银行体系存在脆弱性，那么资产价格大幅下降可能引发金融危机和严重的经济衰退，政府将不得不出面干预市场。但是，如果银行体系是健康的，那么政府就应该放任资产价格不管才对。我的问题是，我们今天的银行体系较之2001年应该更加健康吧？况且，当前宏观调控的重点是抑制通货膨胀，一个走熊的股市难道不是更有利于实现这一宏观调控目标吗？

在经济事务中，历来有规则对相机抉择的路线之争。我以为，考虑到重复博弈的性质，规则应该重于相机抉择。不是完全反对相机抉择，但必须让忽视纪律的人付出代价，长长记性。

2008年3月

股市的春天正在悄然到来

中国股市从2007年6124高点下来，经过了长达七年的漫长筑底。

很多人不能理解，中国经济世界第一好，可是为什么股市世界第一差？他们去寻找中国股市的制度原因。制度缺陷是有的，但应该说还有更主要的原因。

股市不是经济的晴雨表，而是资金的晴雨表。一般来说，经济好股市也会好，但是不绝对总是这样。2009年以来的中国经济，是货币超发和房地产泡沫催生的好。当房价快速上涨的时候，钱不会流入股市的，股市不好也就可以理解。

观察世界各国，经济高速增长的时代，股市恰恰不是增长最快的时期。反倒是经济高速增长结束之后，股市大幅度冲高。道理不难理解，经济快速增长期，股市之外其他领域回报率很高，资金追逐进了这些领域。经济下滑，政府都会扩张货币以刺激经济，然而实体经济绝对不可能靠扩张货币刺激起来，钱最终进入股市推高股价。

在股市上，一般不可能有一边倒的看多与看空行情，所以总有人买，同时也有人卖。情况总是混沌不清、充满矛盾，这就需要你有先知先觉的本事。以当前股市为例，一方面，房价还有下跌的趋势，断供弃房的消息还在不断传来，理财、信托违约刚刚开始暴露，地方政府债务危机也还没有解决，虽然经济在微刺激下似乎有所企稳，但是人们心知肚明中国的增长率还要下滑，用电、运输等指标还在显著下降，另一方面，定向降准、基础设施建设、棚户区改造等“微”刺激政策利好频吹，简政放权、国有企业改革、放松金融管制等改革红利不断释放。要怎样判断股市的前景与走势呢?

关键是钱。120万亿的M2，缺钱吗?不缺!房价涨，股市可能缺钱。房价不涨了，股市怎么可能缺钱呢?房价不涨，只要不是崩盘，对股市就是利好。120万亿，什么股市不能托起来?股市缺的是题材，缺的是好制度，缺的是信心。只要改革能稳步推进，那么股市向好的趋势就可以基本确立。

股市具有明显的羊群效应。大家都想吃到一口嫩草，但又害怕狼，故一有风吹草动，就会抽逃。像2013年8月光大证券的一个乌龙指，就引起市场那么大的震动。正因为断供弃房的消息还在不断传来，理财、信托违约刚刚暴露，地方政府债务危机也还没有解决，中国的经济增长率还要下滑，所以要保持高度的警惕。再说，即使股市上行，也不会直线上行。

6月以来，大盘已经上涨了10%，绝大多数股票已经上涨了20%以上。你不必说2013年涨到了2300多点，不也再次回到2000点以下了吗?形势不一样了。不管怎样，房市不再分流资金，而且房市风险已经有所释放。基本上可以肯定，如果没有重大冲击发生，那么2014年股指冲过2013年的高点，而低点不会回到2000点的概率极大。

当大地的冰雪还没有完全融化，草木的嫩芽已经在土壤中萌发。你一个星期没有出门，恍然之间，草青了，树绿了。这一切或许即将在中国股市发生。

2014年7月

为什么经济不好股市可以好

今天是2014年12月31日，过了今儿就是崭新的2015年了。

2014年一个有趣的现象是，经济下滑，然而股市上涨53%，股指创5年新高。很多人不理解，过去中国经济世界第一好，然而股市世界第一滥，今天经济下滑，为什么股指反而创出5年新高呢？

我也认为预测股价的具体点位是骗人的把戏。果真有这样的神人，他应该富过比尔·盖茨，他应该忙着在夏威夷的海滩陪女朋友，哪有时间预测点位呢！但这并不是说股市就一点也不可以预测了。我不知道2015年股市到底会涨多高，但我知道今年股市一定会好。我能肯定，2015年的高点一定比2014年高，低点则一定不会比2014年低。我在7月份写的《股市的春天正在悄然到来》一文可以作证，我的80%的年收益率也可以作证。

一般来说，经济好，因为红利回报高，股市也会好。但这并不意味着经济不好，股市就一定不好。事实上，从世界各国的经验来看，股市恰恰是在高增长结束之后创出新高的。

股市不是经济的晴雨表，而是资金的晴雨表。经济形势好，这个项目赚钱，那个产品也赚钱，房子翻着倍地涨，傻瓜才会去买股票。须知，房市的高收益是炒股的高机会成本啊！

现在房价跌了，钱会回流股市；经济下滑，政府要救市，发货币是必然的选项，货币发出来也会推高股价，因此高增长结束后，股市反而创出新高就可以理解了。

股票是资产，资产价格一定先行变动。房价要跌没跌，股价先跌了。

房价真开始跌了，股价还会跌吗？不会跌了，除非下跌超过了之前的预期。同样，经济要降没降，股价先降了。经济真开始下降了，股价还会降吗？不会降了，除非经济下降超过了之前的预期。

都预期股价不降了，傻瓜才不买股票呢！人们都买股票，股价能不涨吗？股市能不好吗？

并非经济下降不影响股价，而是2015年的经济下行早被市场预期到了，2014年的股价下跌已经是对于2015年经济下行的反应了。你不能指望市场对同一事件重复做两次反应吧。

老实说，10月中下旬的一波行情我是踏空。但我很快回过神来，那么大的成交量，一定是大资金进场了。大鱼要大池子才能养活，大资金只能大盘股才能养得住。100亿，你不能买一百只小盘股吧，那样管理成本太高了。买了小盘股，你也跑不掉。你一跑，就是跌停，怎么跑得掉呢？而大资金入场，涨20%应该跑不掉吧，所以我又大胆进场跟进。

股票价格是资产价格，主要受预期影响。年底的降息，为什么引爆股市疯涨？因为这次降息给市场传递了货币将转向宽松的预期。疯涨不只是对这一次降息的反应，也是对未来一系列的降准降息的反应。我们拭目以待，未来的降准降息将不会有这样大的反应，因为已经被第一次降息后的股价大涨部分消化了。

未来一段时间股市会怎样呢？房市资金还会回流股市；经济下滑，宽松货币会继续，因此我持谨慎乐观态度。但注册制推行在即，股票供给会大幅增加，人民币面临贬值压力，所以也要时刻保持一份谨慎的心。

2014年12月

时事热点的冷分析

言论没有成本，行为却有代价。

言论往往有欺骗性，行为却无不透露人的真实心迹。

研究趋利避害行为的经济学于是可以帮助我们透视形形色色的时事热点。

越南发生针对中国企业和公民的打砸抢烧暴力事件，这其实是越南想平息海上冲突的重要信号，千万不要把它理解成为中越冲突升级；官员主张管制和产业扶持，并不是真的要实现其所宣称的目的，而是为了创造寻租的空间……

火车票到底应不应该涨价？

一年一度的春运又开始了，拥堵及火车票应否涨价的问题再次为人们所关注。

拥堵是个价格问题。逻辑上，价格足够高，拥堵总会消失，这当然没有错。

而且我也懂得，不涨价，不意味着乘客就真的享受到了低票价的好处。票面价格低，那么排队购票就会出现，拥挤和服务质量下降也会发生，这些也是乘车的价格，叫做非货币价格。把这个非货币价格加上去，总体上乘客并没有因为票面价格低而得到任何好处。

不但总体上乘客不会因低票价而得好处，从全社会来说还存在损失。道理是这样的：如果不是靠排队，而是靠出价来获得车票，那么由于财富不能抢，不能偷，要有多出价的能力，就得在别的地方创造出相应的价值来，然而排队的时间对社会没有任何意义，因为排队，别的有意义的事情反而做不了了。从社会整体来看，这等于是消灭了财富，当然是损失。

可是财富创造与财富分配并非总一致，蛋糕做大不意味着每个人分得的也都大。很多收入低、时间价值低的人，愿意承担排队、拥挤这样的非货币代价，不愿承担货币价格，怎么办？

如果铁路是私人所有，那么我们应该允许通过涨价来消除拥堵。否则，就破坏了人家的产权。比如飞机票涨价、汽车票涨价，我们都不能反对。但是现在铁路是国家所有。理论上，十三亿人都是铁路总公司的股东，而他们的股权又不清晰，那么一部分股东愿意用提高价格的办法来消除拥堵，另一部分不愿意，怎么办？答案恐怕只有鬼才知道。

而且，影响需求的并非只有价格，还有价格之外的其他因素。我不否认，价格足够高，高得没有人来坐火车，拥堵问题也就没有了。但是，利用价格变量来调控价格之外的其他变量对于需求的影响，消除拥堵，这样做是否具有合理性，答案我也不知道。

我不反对提高价格来减少拥堵，也同意有拥堵和排队就有社会损失，但是要靠提价来完全消除拥堵可能不具有现实的操作性。

在中国，城乡二元经济结构是春运拥堵的重要原因。只要农民工的家、孩子、老人与自己工作的地方是长距离分离的，那么春运拥堵可能无法根本避免。春运拥堵的根本解决之道，或许还是在于消除城乡二元经济结构，至少需要同步改进。

2014年12月

总理，我们不要国家产业政策扶持

2014年7月14日，李克强主持召开经济形势座谈会，听取部分中央企业、地方国企和民营企业负责人的看法和建议。格力集团董事长董明珠在发言中说："总理，我们不需要国家的产业政策扶持！"她说："只要有公平竞争的环境，企业自己就可以做好！"她还直截了当地表示，国家此前的家电节能补贴政策容易带来寻租交易空间。李克强连连点头，称赞董明珠的建议"很有启发"。

是的，纵观世界经济史，有哪一个是靠政府扶持而成为好企业的？当年中国加入WTO，很多人担心竞争会对民族产业造成冲击。他们完全没有想到，加入WTO后中国不但没有受到冲击，反而成为"世界制造工厂"。可是，学者们、官员们却偏要蒙上眼睛罔顾事实，制造各种产业扶植的寓言。从幼稚产业保护论，到依托环境保护的新能源、新材料产业扶持论，保护、扶持的声音从来就没有绝迹过。

官员们喜欢产业保护论，因为这可以增加他们手中的权力，带给他们寻租的机会。学者们就不好理解了。可能部分学者投其所好，为的是从政府那里拿到课题。部分学者则是忘记基本，不甚了了。

政府产业扶持的钱从哪里来？唯一的来源是征税。即使政府产业扶持的钱来自于货币超发，那也是变相的征税。逻辑上，需要扶持的企业是没有竞争力的低效率企业，而被征税的一定是有竞争力的高效率企业。牺牲有竞争力的高效率企业，扶持没有竞争力的低效率企业，这就是政府产业扶持政策的实质。

有许多人天真地以为政府会追求社会利益最大化，但政府是由一个个追求自身利益最大化的官员组成的，并不具有追求社会利益最大化的人格特征。政府是个名，决定政策及其执行的是自利的官员。企业家和社会大众也是自利的人，他们的活动可以与社会利益相一致，因为他们花的是自己的钱，搭上了自家的身家性命。官员不一样，他们花别人的钱，追求自身的利益，官员的行为一般来说与社会利益不兼容。这正是我们给企业家和社会大众自由，却坚持有限政府和约束权力的原因。

假如官员花自己的钱，他是断不会支持太阳能产业的。他明白，大自然几十亿万年进化的结果，一定是植物的光合作用最能有效利用太阳能。真要发展太阳能产业，那就种草种树，然后烧火发电最有效率。你要强迫他搞太阳能，他一定会给你指出，太阳能生产的电远远不如它消耗的电，这其实是在破坏环境。可是花你我大众的钱，他就有一万个支持太阳能产业的理由。

其中道理就是董明珠所说的“家电节能补贴政策容易带来寻租交易空间”。但不是容易带来，而是一定有寻租，否则这政策没有存在的理由。

世间就有这么滑稽的事情。中国要补贴太阳能产业，欧洲要反中国补贴。这是老百姓知识不足，被政客愚弄了。所以需要你我来对大众进行启蒙。

寻租的后果并不只是把资金用在了低效率的地方，更重要的是，人们会把精力用在非生产性的财富攫取上——如何从政府那里搞到钱，而不是用在生产性的财富创造上——发明创造，降低成本。社会就会蜕变成“权力技术”型社会，而不是进化为科学技术型社会。我们要建设创新型国家，但如果政府这也补贴，那也扶持，那么中国就只会成为“权力技术”创新国家，而不会成为科学技术创新国家。

2014年7月

981钻井平台撤离南海没有错

2014年7月14日美国参议院通过决议，要求中国钻井平台981撤离南海。16日，中国宣布981平台于7月15日完成全部钻探作业，撤回海南。外交部发言人16日表示："海洋石油981"钻井平台15日顺利完成了在西沙群岛中建岛附近海域的钻探作业，并按计划转场至海南岛陵水项目继续作业。上述作业完全是中国主权范围内的事情。转场是有关企业海上作业计划安排，与任何外部因素无关。

政府的这一做法受到很多人的批评。批评者称：中国执行美国参议院412号决议案，将"海洋石油981"钻井平台从南海撤回到海南。历史指针仿佛拨回到了1840年，1840年以来的不平等条约至少还是双方共同签署的，而这次美国宣布把中国南海割让为国际水域，却是美国单方面决定的。一个美国参议院的决议就能改变一个国家的能源、军事、外交政策，大陆所有的"鹰派"都是"鹦鹉派"。

但我不这样看，在这个问题上，我是坚定支持政府的。

凡事都有代价，天下没有免费的午餐。维护主权和领土完整也是有代价的。这就要计算成本收益了。那几个岛礁和几口油井，到底值多少钱，我没有能力估算。但是中美对立将决不仅仅是中美的对立，是和一大批国家的对立。这将严重遏制中国的经济发展，影响百姓生活水平的提高。这个成本倒真的是无法估算。

我老讲一个问题，是需求大价格高，还是需求小价格高？供求定理说需求大价格高，需求小价格低。需求定理是局部均衡分析，暗含了供给不变的假定。可是现实中，供给不可能不变。需求大，可选择的生产方式会变多，最有效率的生产方式会被选用，价格会更低而不是更高。这不难理解，生产一辆车只能人工用锤子敲，生产上万辆车则可以用流水线生产。所以，一个人买车没有上千万是买不到的，但是上亿人买车，几万块就可以买到一辆车。

这其中的经济学含义是，虽说融入到世界大市场不一定带来经济增长，但是游离于世界市场之外，则一定会失去增长的机会。这可以解释世界上从来没有一个闭关锁国的国家，其经济增长反而是值得骄傲的。

有人说普京的强硬领导让俄罗斯找回了大国地位。我的看法相反，俄罗斯的衰落是从普京开始的。克里米亚有那么重要，犯得着与国际社会对立受到制裁吗？

根本的问题是，当今世界再不是孤立的你强我弱、你死我活的状态，而是通过贸易相互依赖、相互补充。自己没有的，可以通过贸易最经济地获得。

贸易和经济一体化已经使得领土没有那么重要了。看看欧洲，要素自由流动，人口自由迁徙，货币已经统一，未来财政也会统一，国家和领土还有多大意义？

俄罗斯正确的做法不是武力占领克里米亚，而是推进市场化和经济一体化。

中国和周边国家也一样，不要纠缠于领土与主权的争议，而是推进市场化和经济一体化。未来亚盟建立了，要素自由流动，人口自由迁徙，货币财政都统一了，我实在不知道领土与主权还有多大意义。

现在最好的选择就是各自可以宣称自己的主权，但是在行动上要维持现状不变。并且领土主权的争议不要影响了经贸往来。只要市场经济不断发展，经贸往来不断加强，那么领土争议最终都会因为不是问题而得到顺利解决。这正是邓小平讲的：我们这一代人没有智慧解决，将来的人们比我们有智慧，还是留待将来的人们解决吧。这是大智慧，希望各国的政治家有这个智慧，人民也有这个智慧。

2014年7月

120万饭局、国企与国资流失

副部级官员、华润集团董事长宋林因为被人举报在华润收购山西金业资产过程中存在严重渎职行为，造成巨额国有资产流失；包养情妇，利用职务影响，将情妇安排到华润的合作方瑞银集团香港和上海分支机构上班，并且通过情妇收受贿赂和洗钱；在境内外拥有大量别墅等不动产和巨额银行存款等原因，遭到中纪委调查和撤职处分。

令我印象深刻的不是上述渎职贪腐行为，而是他那120万的饭局。吃什么能吃120万？

我的问题是：宋林一顿饭吃120万，为什么李嘉诚不吃这样的饭？我们总讲国有资产流失，但为什么没人讲私人资产流失呢？不是说李嘉诚不吃贵的饭，但没有吃过120万的饭局吧。也不是说私人资产完全不会流失，但是私人资产流失不是普遍现象，不会成为问题的。

国有资产所有者缺位，这本是老生常谈的问题。不是说国有资产没有名义上的所有者，而是名义上的所有者不可能真正行使所有者的职能。我们可以讲国有企业属于全体人民，但全体人民能够行使所有者的职能吗？中石化是国有企业了，名义上它属于13亿中国人，但能够让13亿人都来开会决定资产怎么用、收益怎么分吗？不能的，因为那样的话费用会高得得不偿失。所以，13亿人拥有所有权等于人人都没有所有权。

国有资产是无主资产，国有企业里活动的都是形形色色的代理人。

当然可以大讲职业经理人的信托责任。可是，没有真正的所有者，是不会有真正经理人市场的。就像没有对于真货的需求，我们不可以期望有真货的供给一样，没有好的主人，我们不能期望有好的保姆，不能期望好的保姆一定有好的行为。你不会再讲什么监督吧？难道监督者不是代理人吗？谁又来监督监督者呢？所以，所有者约束是前提。

有人是不是还要讲两权分离的事实？可是我们一定要知道两权分离的内在逻辑。

西方企业的起点是古典企业，就是所有者、经营者合而为一的企业。这种企业的优点是自己给自己干活会尽心尽力。用经济学的术语来说，就是它的代理成本低。这种企业的缺点是它不能获得规模经济、专业化经济和风险分散的好处。因此，两权分离是有代价的，只不过规模经济、专业化经济和风险分散的好处超过了代理成本上升的坏处，西方企业由两权合而为一的古典企业发展成为两权适当分离的现代企业制度。

两权从来没有完全分离，也不可能完全分离。研究表明，所有者控制乃是公司治理一个极其重要的方面。《幸福》杂志500家大公司中，5家最大股东利益集团平均而言共拥有全部上市股份的1/4强，像这样的所有权地位是足可以影响专业管理者进行工作的方式的。德姆塞茨讲得好：在一个自利原则对经济行为起重要作用的世界里，如果相信有价资源的所有者竟然会有组织地把资源的控制权拱手奉送，交给不受指导、不为所有者谋利益的经营者，那么这种想法是非常愚蠢的。

国有资产流失不奇怪，不流失反倒是怪事了。国有资产一定会变着花样流失的。

国有企业花别人的钱，办别人的事，注定低效率。弗里德曼说："花自己的钱，办自己的事，既讲节约，又讲效果；花自己的钱，办别人的事，只讲节约，不讲效果；花别人的钱，办自己的事，只讲效果，不讲节约；花别人的钱，办别人的事，既不讲效果，又不讲节约。"

这也意味着没有行政垄断的保护，国有企业是活不了的。除了既得利益者，恐怕没有人反对打破行政垄断的了。但是很少有人思考，国有企业和打破行政垄断之间到底有着怎样的关系；要怎样做才能真正打破行政垄断。国有企业固有的属性决定了它是没有竞争力的。所以在市场经济条件下搞国有企业，就不能不搞行政保护，行政垄断就不可能真正打破。

不是说没有国有企业，就一定没有行政垄断，但是有国有企业，则意味着一定存在行政垄断。也不是说国有企业就没有好的利润表现。国有企业可能有很好的利润，但其利润本质上是垄断利润。这一点也可以从经验中得到验证，不然在竞争领域就应该有好的国有企业。

国有资产大量流失，恰恰说明我们要加快产权改革的步伐，而不是要停止产权改革。可以采用过渡的办法，但是最终只能是，完全、干净、彻底地把国有产权转变成私有产权。

并非不能有国有资产和国有企业，而是私有资本和私有企业能做的，要尽量让私有资本和私有企业去做。国有资本和国有企业要做的只是那些私人资本和私有企业不愿意做的领域。

必须解放思想，打破国有企业是党和政府执政基础的错误认识。经济发展，人民安康、幸福才是社会安定的基础，所谓得人心者得天下。国有企业由于其固有的低效率特征，既不利于增加就业，也不利于增加老百姓收入，还不利于增加财政收入，怎么可能成为党和政府执政的基础？如果说国有企业是党和政府执政的基础，那苏联党和政府执政的基础岂不是最牢固的了？

2014年10月

科技公司高管该不该拿高薪?

2014年6月10日，据国外媒体报道，Facebook公司董事会主席马克·扎克伯格允许董事们为自己设定年薪和奖励的行为，引起了投资者的不满，以致对其提起诉讼。Facebook目前股价为63美元，公司设置的董事薪酬年度上限为250万股，薪水上限高达人均1.45亿美元。诉讼文件指出，首席运营官和董事会成员桑德伯格的薪酬为1610万美元，其中包括1500万美元的股票奖励，而身家为26亿美元的董事会成员彼得·泰尔收到了387874美元的股票奖励。Facebook董事会去年向非雇佣董事支付的平均年薪为46.1万美元，比业内同行的平均水平高43%。投资人认为管理层报酬太高，这是在浪费公司资产。

代理问题及其治理

和所有者、经营者合二为一的古典企业相比较，由于所有权、经营权存在一定程度的分离，代理问题无可避免要产生。简单说就是股东（委托人）希望利润最大化，经营者（代理人）希望自己的工资津贴和闲暇时间最大化，两者目标不完全一致，从而出现经营者损害股东利益的情况。不过，毕竟有所有者的激励与约束——根据企业经营绩效给予激励，并进行必要的监督，同时又有经理市场、资本市场（公司接管）的竞争约束，这个问题在今天应该说并不是严重问题。

当今上市公司是典型的大众公司，股东众多，拥有百分之十几、二十几的股份可能就是大股东了。代理问题又表现为大股东侵占小股东利益，其中一个重要表现形式，就是向董事或者控股股东担任的高管支付不合理的高额报酬和福利。

大股东一定侵占小股东的利益吗？如果股权集中程度高，那么这个问题就不会发生。大股东股份多，他会花时间精力监督公司管理层，小股东反而搭了顺风车。这个道理不难理解。好比村里有大户人家需要宽一些的路，他就把路拓宽，其他乡民也就跟着享受了康庄大道。

如果股权分散，那么大股东侵占小股东利益的问题就可能发生。

但这并不需要第三方力量（如法律）对股权结构做出限制。只要产权私有，企业可以自由上市，资本项目又没有管制（投资者可以到别的市场投资），那么大股东便不能过度侵占小股东的利益。他要受到小股东用脚投票的约束。

然而，如果所有公司都股权分散，那么就会没有选择的余地，大股东和其他高管侵占小股东利益的问题就会十分严重。极端的情况是中国股市。由于国有股东并非真正意义上的股东，中国公司的股权其实十分分散，加之资本项目和企业上市受到管制，投资者没有别的选择，大股东和其他高管侵犯小股东利益的事情极其严重。这正是中国经济天下第一好，然而股市天下第一烂的重要原因之一。

在这个意义上，中国企业高管在薪酬上和国际企业攀比是没有道理的。联想CEO杨元庆年薪1.33亿元，五倍于苹果CEO，无疑是在严重侵占小股东利益。

优秀成长型科技公司不高薪都难

股票是买未来的变化。最有变化的就是成长中的科技公司。优秀的成长型科技公司最容易受市场的追捧而股价高涨。如果公司选择用股票作为员工的薪酬，那么就有很强的激励。成熟公司则不一样，尽管利润不错，但没有变化，股票便不容易再走高。因为这个缘故，成长型科技公司薪酬很难不超过成熟公司。例如，不说高管，仅仅2～3年前加入Facebook的工程师就可能已经赚了上千万美元。

这吸引人才流向成长型科技公司。例如，Facebook各个部门都有多位来自Google的人，不但技术人员来自Google，COO、公关、CTO、HR都是Googlers。大家可以想象当你的HR部门总监和好多经理都来自一个公司，你要挖那个公司的人，或者判断谁值得挖，那不是手拿把掐的事情吗？Google也出过天价来挽留这些人，但Google一般也只能加个两三倍价，即使加后还是比Facebook的低。

其实，早期Google也一样，只是现在成为成熟公司，不可能再做得到了。

高科技领域新公司不断涌现，新的顶尖公司不断在换。在高科技领域，大公司或许可以存活百年，但必然无法连续跨代领跑，因此微软革了IBM的命，Google革了微软的命，Facebook革了Google的命，未来必然有人再革Facebook的命。

结果是多么地悲壮！但这并非坏事，而是市场以一种特有的方式在鼓励创新！

在这个意义上，优秀成长型科技公司的高管是很难不高薪的。

薪酬结构是否合理，资本市场是否开放、自由才是关键

其实，重要的不在于薪酬水平是高还是低，而在于其设计在多大程度上与公司战略与公司绩效挂钩。研究发现，虽然行业不同，所处的发展阶段不同，薪酬设计会有不同，但是好企业和其他企业仍然存在明显差异：他们的保障性薪酬（如固定薪酬、基于服役期限的限制性股票）非常有限，而将重点放在了风险性薪酬上（如年度奖金、股票期权等）。具体来说，好企业的长期激励比重较大，而其他企业的固定薪酬比重较大，但是浮动奖金基本相同；在长期激励工具组合上，好企业更倾向于使用风险性激励工具（如业绩股票计划、股票期权计划等），而其他企业则更多的使用了基于服役期的限制性股票计划。

董事会不对董事的薪酬和奖励做决定，谁来做这个决定呢？当然，有关决定要经过股东大会的通过。可是，股东大会上起决定作用的难道不还是大股东吗？

Facebook董事们给自己的薪酬，重点不在于是否高了，而在于其结构是否具有合理性。小股东们是否满意他们这样做也不重要，重要的是小股东们有没有用脚投票的选择。全部问题的关键只在于，有没有开放、自由的资本市场。

2014年6月

微软任命首席经济学家为哪般?

微软昨日宣布，任命普雷斯顿·麦卡菲为该公司首席经济学家。麦卡菲曾担任谷歌的战略技术主管，并于2007年至2012年任雅虎首席经济学家。作为微软的一个新增职位，首席经济学家肩负研究市场和分析数据的职责。加入微软之后，麦卡菲将会领导一支经济学家团队，并将向微软技术与研发执行副总裁哈里·舒姆汇报工作。

我们知道首席经济学家制度一般是国际组织、政府部门、咨询机构和金融机构才会设立的，鲜有科技公司设立该职务。那么，首席经济学家会承担哪些业务，扮演什么角色?

首先，可以就宏观经济形势及其变化提供决策咨询。

做任何事情，管理国家也好，经营企业也罢，甚至家庭理财，方向都比努力更重要。方向对头，或努力或不努力，或快或慢，离目标都会越来越近，但是如果方向反了，越努力反而越完蛋，越努力离目标越远。

我们讲经营管理，其实经营和管理不是一回事。经营是判断趋势，掌舵方向，管理则是在方向给定的情况下如何把事情做得更有效率。多数时候，企业不是因为管理不善而死，而是因为误判形势而亡；不是因为管理卓越而生，而是因为适应了经济社会发展趋势而生得卓越。

今天不再是古典自由市场经济，因为政治、政策以及经济自身内在原因，会呈现周期性趋势变化。首席经济学家及其团队可以就宏观经济形势及其变化提供决策咨询。

经济到底处在上行还是下行通道？经济扩张只是一个短期趋势，还是一个长期趋势？相关判断至关重要。大企业投资额动辄上亿、几十亿，避免一次投资失误，就是无可估量的收益。在这个意义上，任何大企业聘请首席经济学家都是合算的。

其次，可以就中观产业发展趋势与前景提供决策咨询。

产业发展及其趋势深受经济因素的影响。恩格尔法则清楚指出，产业结构及其变化深受收入水平的影响。三十年前人们为什么不吃反季节蔬菜，并非那个时候没有生产反季节蔬菜的技术，而是那个时候收入水平低，没有大规模的需求。倒回去三十年，苹果这样的精致化产品至少不会有今天这么大的市场，不会获得今天这样的成功。21世纪初，在中国做互联网，你不容易不成功，但是今天因为规模经济的缘故，成功的可能性就小了很多。首席经济学家及其团队可以就产业的发展趋势与前景提供决策咨询。

再次，可以在微观的产品定价、营销、资产并购、融资等方面提供决策咨询。

最著名的例子是谷歌首席经济学家范里安利用拍卖理论最优化谷歌的广告拍卖系统，为公司创造了庞大利润。产品在不同的国家做不同的定价，针对不同的人群做不同的定价，这是经济学经典的利用价格歧视增加利润的话题。高级轿车厂商在西方国家市场上定价低，但在中国市场上定价高，就是利用价格歧视增加利润的典型例子。在企业的资产兼并、融资决策等方面，首席经济学家及其团队都是可以大有作为的。

经济学并非表面上研究资源配置的科学，而是研究人的行为的科学。在无限广泛的领域，经济学都是大有用武之地的。经济学成为显学、经济学帝国主义大行其道是有深刻原因的。可是学院经济学过于象牙塔，过于黑板化，这就为能够把理论与现实相结合的首席经济学家提供了空间。

最后，首席经济学家活跃在媒体、论坛上，他们本身就可以为企业获得品牌和广告效应。

举个例子，如果不是专业财经人员，未必知悉摩根斯坦利，但因为有个亚太区首席经济学家谢国忠，我身边有很多老太太都知道摩根斯坦利。我本人做美国大唐集团中国区首席经济学家，公司也希望我经常在媒体发表文章，为公司做些广告宣传。在移动互联网时代，每个人手上都拿着一个终端，这将根本改变信息传送和产品营销的模式，有魅力的个人的影响力会空前加大。企业的名望与首席经济学家的个人声望是正反馈，相互促进，相互加强。我们不妨上网看看谷歌首席经济学家范里安言论的被关注程度。人们关注他的言论，是因为他的谷歌背景；反过来，通过他，又进一步宣传了谷歌，提升了谷歌的影响力。

应该说，微软设首席经济学家职位，不只是体现了微软新领导团队试图改变公司运营和决策方式的决心——“微软设立该职位的目的是减少根据直觉做决定的次数，要更多地根据市场和其他数据来做决策”——更是有着更深远、更全面的考虑。微软很可能会依靠其IT科技优势，向其他领域拓展。在信息化、全球化时代，公司面对的市场半径更大了，市场环境自然就更复杂了，让经济学家出面做点什么一定是划算的。

2014年6月

互联网企业与技术外交旋风

百度董事长兼CEO李彦宏随中国国家主席习近平一同访问巴西。除了与巴西科技部长、通讯部长的单独会晤之外，还受到巴西互联网产业界的盛大欢迎。这是继7月初随访韩国以来，李彦宏一个月内第二次作为互联网企业代表随国家最高领导人出访，并代表百度与出访国家达成技术输出合作协议。这被认为是中国刮起的技术外交旋风。

我关注这件事情，是想挖掘其中的经济增长含义。

两百多年前，亚当·斯密在《国富论》中用制针的例子来说明分工和专业化生产对于财富增长的作用：一个人制针，一天制不出一根针来，但是几个人分工合作，平均每个人每天能制几十根针。道理不难理解，因为熟能生巧。

分工和专业化决定财富增长，又是什么决定分工和专业化的呢？

最主要的一个因素，是市场的规模。

只有一个人买车，没有千万元是买不到的，但是几亿人买车，几万、十几万就可以买到。无他，需求大，最有效率的生产方式才可能被采用。生产一辆车，只能选择用锤子敲，但是生产上亿辆车，流水线作业就可以被采用。这不仅可以更有效地组织分工和专业化生产，而且可以有效地发挥规模经济的优势。正是在这个意义上，我们强调地理大发现对于英国工业革命的巨大意义，强调加入WTO对于中国经济持续高速增长的支撑作用；我们也知道，仅仅因为闭关锁国，朝鲜经济就必然乏善可陈。

市场扩大对于互联网企业还有特殊意义。互联网经济的特征之一是网络效应。所谓网络效应，是指某种商品的消费者参与，会对这种商品的价值产生影响。传统的商品，一般不具备这种特征。不论一人吃鸡蛋，还是十人吃鸡蛋，对鸡蛋的营养价值都不会产生影响。但是几百万人使用互联网，还是几十亿人使用互联网，互联网的价值就大不一样了——参与使用的人越多，它的价值就越高，对新用户的吸引力也越大。最直观的例子是使用电话的人越多，电话的价值也越大。

华尔街金融危机以来，伴随经济下滑和失业增加，各国实施了不同程度的经济刺激计划，贸易保护主义也一度有所抬头。但这都是治标不治本，短期可以缓解矛盾，长期则给经济发展带来更大隐患。正确的做法，恰恰是对内强化经济自由，对外开放市场，进一步加强国际分工与合作。

市场的开放短期可能对一国的生产和就业造成冲击，不过交易会使资源流到最善于利用它的生产者那里，这会使社会的总财富增加。财富增加，新的需求就会产生。最终，资源不可能长期闲置，失业不会长期存在。

现代意义的经济增长总是与经济结构复杂化、产品和服务多样化相伴随。可以想象，没有财富的积累，需求停留在面包、布衣和牛车的水平，没有对于飞机、汽车、iphone、国际旅游、美容和保健等的需求，经济长期增长便不可能实现。

由于经济形势不好，短期都面临就业压力，全方位的市场开放和国际合作可能难以实现，但是高技术领域的国际交往和合作从来都不会受到输入国的抵制。

中国因为庞大的人口规模，互联网企业具有先天的竞争优势。而由于网络效应，市场规模的扩大对于互联网企业又具有更强的促进作用。因此选择让互联网企业来刮起技术外交旋风，这不只是政治智慧，也是经济智慧。

市场最解其中意，周一百度收盘股价创历史新高，涨3.43%，报199.09美元，市值逼近700亿美元；自今年6月初以来，百度股价已经上涨了20%以上。

经济繁荣是千千万万企业繁荣的协奏曲，成千上万企业的繁荣，最终必然会奏出整体经济的华彩乐章。

2014年7月

滴滴和快的：打车软件的今生与来世

今年农历春节前后，滴滴打车、快的打车因为互联网巨头腾讯、阿里巴巴“土豪式”砸钱——滴滴共补贴超过14亿元，快的亦在数亿元——成为移动互联网最耀眼的明星。

在几个月前，滴滴、快的两家还曾铆足劲儿把补贴金额顶上了十多块钱。经历几轮降补，昨天下午，快的打车宣布，将于今日暂停乘客端的现金奖励；1分钟后，滴滴打车也发布了停补的消息。就此，持续五个多月的打车“补贴战”告一段落。不过司机端补贴仍将继续。

宣布停止补贴其实在意料中。近期，交战双方已经选择用“辉煌”的数字宣告这场战役的谢幕。2014年3月，滴滴打车宣布用户数正式突破1亿，覆盖全国178个城市，日均订单522万；4月，快的打车公布第一季度成绩单，显示覆盖城市已达261个，日订单量超过623万。至于现阶段两家在打车APP领域的市场份额，滴滴、快的均称自家产品份额过半。

不补贴乘客，乘客也是愿意用打车软件的。毕竟可以掐着点出门，不用因不知道要等多久才能打到车而提前下楼了。这大大节约了时间，还能避免一群人抢车，为什么不用？因此这补贴是在做广告和争夺客户。根据第三方平台提供的数据推测，双方的这场肉搏战各自换来了超亿用户，更换来了两大打车软件行业地位的确立。目的达到，当然要尽快停下来。

没有了补贴，用软件打车的数量当然要减少，这是需求定律在起作用。补贴，是人为扭曲打车价格，让其便宜，打车数量当然增加。取消补贴，等于打车的价格回升了，需求量当然要减少。这不过是回归正常，不值得大惊小怪。人们决不会把手机上的打车软件卸掉的。

困难是，乘客愿意用，司机要愿意接单才行。在那些活儿饱满的大城市，为了避免空驶，可能司机宁愿在路上跑着接活儿，也不愿意接打车软件的单，除非恰好在叫车人的附近；而且需打车人要去的地方路上不堵车，路程还不能太近，毕竟使用打车软件司机可以方便地拒载挑选乘客。所以，司机使不使用是软件能否被继续使用的关键。继续补贴司机无疑是正确的策略。

慢慢的，大家会习惯于用软件预约车，而不在路上打车，最终对于司机的补贴也会取消。

现金补贴结束，后续肯定会不定期推出如优惠券、积分券、奖励金等各种形式的优惠活动。停补后，双方会改善产品、加强服务，解决包括宕机、重复扣取车费、客服电话忙线、支付到账迟缓等受到诟病的问题。双方的缠斗还远远没有到达终点。在后补贴时代，如何利用平台所吸附的客户来做文章，将成为新话题。

打车软件再次提供了一个平台，这个平台与各种传统产业嫁接将产生新的商业机会。这是又一个了不起的创新。乘客节约时间，可是并不需要为此直接付费。传统产业使用这个平台当然要付费，但因为这个平台人数众多，节约了企业寻找消费者的费用，最终商品和劳务的价格不但不会上升反而会下降。这就是打车软件具有巨大的市场价值的原因之所在。

打车软件可能成为一个广泛的产品和劳务的定价、交易平台，改变众多业态。打车软件还会改变治霾治堵思路。打车软件因为出租车而起，最终又很可能彻底改变出租车行业的业态。

试问：在没有滴滴、快的这样的打车软件之前，该不该允许私家车载客营运？要不要对出租车行业进行管制？我的回答：不该允许私家车载客营运，应该对出租车行业进行管制。

道理是这样的：假如我们允许车辆随行就市议价载客的话，那么在主要干道就会堵得一塌糊涂。避免的办法，是载客营运的车辆统统按照一个既定的价格载客营运。管制了价格，车主可能因为不能适应市场变化而遭受损失，当然应该对其做些补偿。所以进入数量上就有必要做管制。这样，就必须禁止私家车以盈利为目的顺便拉人载客。这个逻辑对吗？对。因为小城镇、大城市的郊区，出租车就随行就市议价载客，我们并不对此加以约束限制。

但是现在不一样了，有了滴滴、快的这样的打车软件，我们可以不把车停下来在大街上议价，而是通过软件平台议好了价，再出行。现在，应该鼓励一切车辆载客营运。如是，我保证街上运行的车会大幅减少，霾、堵势必改善。在今天的技术条件下，霾、堵治不了，那是自找的。信不信由你，由于打车软件的诞生，现有的出租车行业有朝一日定会退出市场。

2014年5月

政府关心企业当找准着力点

广东顺德公布《顺德区加强对重点培育企业服务的实施方案》指出，为了向重点培育企业提供及时优质的服务，由区领导担任企业专员，挂点联系2~3家重点培育企业。这则新闻让我想起李商隐的《贾生》：宣室求贤访逐臣，贾生才调更无伦。可怜夜半虚前席，不问苍生问鬼神。

历来人们和李义山一样对文帝是持指责态度的，然而有所不知的是，贾谊"雄才大略"，是个市场干预派，主张政府干预经济，而文帝是个市场派，主张无为而治。汉武帝就是一个主张政府干预经济的"雄才大略"的主。可是历史清楚告诉我们，是文帝带给我们繁荣稳定，而不是武帝。不必指责文帝不问苍生问鬼神，那不过是文帝听贾谊开口说话知道其是什么货色，而转移话题刻意闲聊的高明之举。我们倒要问：假如文帝不问鬼神问苍生，中国历史上还有那著名的文景之治吗?

历史告诉我们，顺德政府如此关心企业，这不是好信号，必然带来不好的结果。

企业不需要官员指导，官员也指导不了企业。官员和企业家拥有的是不同类型的人力资本。企业家拥有的是发现利润和组织人员进行科学技术创新的能力。官员拥有的是搞定官僚系统和平衡各方利益的能力。计划经济体制就是典型的官员组织生产和其他经济活动，计划经济的后果我们应该最清楚。如果官员能够指导搞好企业，那么就不需要市场化改革了。

再者，企业家在企业是投资下了注的，企业家把他的身家性命都放在了企业。但是官员不同，官员在企业没有投资下注，企业搞好了，他可以得到好处，搞糟了，他可以拍拍屁股走人。这决定了官员和企业家在企业决策上有根本的不同。这也正是我们要接受资本雇佣劳动，而不是反过来劳动雇佣资本的道理。你说你是认真的、负责的，那好，你先把本钱押进来。

或许，有些应该办的事没有官员协调就搞不定，但这并不需要官员挂点联系企业，而是应该改革制度，建立公平高效的市场环境，让所有应该办的事情都能快速有效地办好。官员不致力于提供一个公平高效的市场环境，而是挂点联系指导企业，这是狗拿耗子，不干本职工作。

政府不可以把企业分为三六九等进行不同级别的服务。在一个低效不公平的环境中，政府帮助一部分企业一定是以牺牲另一部分企业为代价的。这是歧视、不公平。但这又不仅仅是不公平的问题。今天被称为重点培育的企业，当初并不是被培育出来的。歧视和不公平会扼杀那些今天还弱小未来却可能成长强大的企业。可以想象，如果靠政府扶持，那么苹果不可能成长壮大。政府扶持一部分企业，到头来，牺牲的将是全部经济。

企业和官员如此结盟一定会导致资源配置的特权效应。在这种情况下，企业经营者将把主要精力用于如何去搞定政府和官员，而不是用于去发现市场机会和进行技术创新。长此以往，经济社会就会蜕变成“权力技术”创新型社会，而不是进化成“科学技术”创新型社会。

经济衰落是从政府有钱和干预经济开始的，因为和官员、政府打交道涉及的永远都是财富的分配，而不是财富的创造。长期下去，经济社会就会丧失科技创新和财富创造的能力。中国三十年的经济成就证明，中国的经济成就不是政府干预的结果，而是减少政府干预的成就。

管理经济的最高境界是无为而治。无为不是什么也不做，而是提供一个公平有效的市场环境。对于政府官员，我们不要问他GDP如何，经济增长了没有，社会福利怎么样，是否公平，我们要问他：产权是否得到了清晰的界定和严格的保护？是否有独立公正的司法？是否拥有从事各种经济活动的自由？经济增长、社会福利不过是产权保护、司法独立、经济自由的结果。我们应该关心原因，不必过度关心结果。

2013年5月

统计作假的原因与治理

国家统计局14日通报了该局统计执法检查室对广东中山市横栏镇统计弄虚作假的核查情况：在横栏镇纳入联网直报的工业企业中，抽查的73家企业中有38家实际属于规模以下工业企业，19家已经停产、搬迁或注销；统计工作人员还编造虚假数据，代报代填企业统计数据，导致工业统计数据严重失实；核查的71家工业企业经横栏镇经济发展和科技信息局编报2012年年报工业总产值85.1亿元，初步核实为22.2亿元，虚报62.9亿元。

统计数据作假，并非横栏一个个案，也非当前才有，老百姓形象地说“村骗乡，乡骗县，一直骗到国务院”，但是作假作到如此程度，倒也让人震惊。

统计数据作假危害巨大。不真实的数据会误导政府决策，损害政府公信力。统计数据直接关系到各类经济主体，特别是投资者、企业经营者对经济形势的判断，也关系到国际社会、主要国家对中国经济形势的判断，直接影响到各种经济决策。不真实的数据导致决策失误，产生经济和社会损失。今天中国是经济大国，不真实的数据会产生更大系统风险，带来更大危害。

统计数据作假根子不在统计部门身上，而在于“官出数字，数字出官”的功利逻辑和混乱定位。统计数据作假最主要的原因在于地方官员干预数据。

为此，统计局开发使用了网上直报，但事实证明这根本无法减少作假，更谈不上杜绝。好比是在墙上画了一扇窗户，中看不中用。还有人建议，要改变政绩与GDP挂钩的制度，让地方官员摆脱GDP的束缚，代之以幸福指数或者和谐指数，地方官员干预数据的现象才有可能逐步减少。但这种认识实在表面、肤浅。以幸福指数或者和谐指数做考核，怎么能保证地方官员不在这些数据上作假？事实上，用一个不好度量的指标去考核地方官员，更难杜绝数据作假。我们忽略了的是，这些年中国经济高速增长，人民生活大幅改善，成长为世界第二大经济体，一个极其重要的制度支撑正是基于GDP的绩效考核。

其实，减少统计作假、改善统计质量的方法有很多。

首要当然是确保统计部门的独立性。改变目前统计人员听命于地方政府的做法，实行垂直管理。地方统计局与当地政府脱钩，经费、人员编制、领导任命都由统计系统垂直管理。同时，强化统计立法和执法，让那些干预数据、统计作假的人员得到应有的严厉处罚。

统计部门也要努力提高自身统计工作的质量和效益。一般来说，税收是个硬头货，虽然也能造假，但是难度大、风险高，而且一年一年递增下来，如果造假，很快就会露出原形。用电量也是一个不易作假的硬头货，尤其工业用电基本上无法作假。而污染指数，地方政府是没有激励高报的。这些指标都与GDP高度关联，只要分析一下其中的关联度大小，是否背离常识，就能看出一个地方一个单位的GDP是不是“鸡的屁”。统计部门完全可以在GDP账户中，通过引入一些与GDP正相关和负相关的变量，来对GDP统计值进行校正和调节，得到更加准确可靠的GDP数据。

还有一个简便易行的方法，一些地方不是热衷于造GDP吗？好，就用你造出来的GDP乘以4%，看看你到底为教育投入了多少？教育投入可是真金白银。如果这个乘积跟你实际的教育投入相差很远，那就证明你的数字造假了。地方一般不愿意加大教育投入，“十年树木，百年树人”，教育的政绩不是那么立竿见影的，而这恰恰就是一张判断统计数字是否造假的

“试纸”，灵得很。

杜绝统计作假或许需要根本性的政治经济制度变革。但这并不意味着在既有体制内就不能有所作为，更不意味着就一定要放弃多年以来成功促进了经济增长的基于GDP的绩效考核。

2015年5月

潘石屹捐哈佛不捐国内大学就对了

潘石屹千万美元捐赠哈佛的新闻，引来不少质疑。质疑的声音大致有两种：一种是，作为赚了国内钱而致富的地产商，为何助学国外而不选择中国高校？另一种是，潘石屹千里迢迢跑去美国给人送钱，签订“SOHO中国助学金”，绝不可能是慈善捐助，而是一次彻头彻尾的企业品牌行销。否则，他为何不把钱捐给自己的母校中国石油管道学院，或者张欣的母校英国剑桥大学，而是选择了世界最高学府哈佛？

很遗憾，这种灌水脑袋的质疑和指责，完全是不懂得常识的胡闹。

首先，作为企业家，潘石屹拿自己的钱去搞捐助，捐给谁，是他的权利和自由。任何人对其说三道四，横加指责，都是对他人的权利和自由的侵犯。

其次，潘石屹赚了国内的钱吗？要明白，钱到底是怎么赚的。潘石屹不拥有任何强制的权力，他所赚的每一笔钱，都是在自愿的基础上获得的。自愿的含义是什么？他不给你提供1块钱价值的产品和服务，你会给他出1块钱吗？所以，一个人挣的钱越多，他对社会的贡献也越大。挣钱和为社会做贡献是同一件事情的两种表述，为什么我们赞誉后者而贬损前者呢？近日有人指责李嘉诚赚了香港最后一个铜板。殊不知，这也是他为香港贡献到最后一个铜板。

我们中国人从小中毒太深，总以为资本家是靠剥削致富的。可只要人身是自由的，就不可能有剥削。你说这里挣得少，那得在别处挣得多。既然能在别处挣更多的钱，你为什么不上别处去呢？

你可能会说，这些要以私有产权、法治和自由市场为前提，但现实并不满足这些前提。我的看法是，现实不满足这些前提又怎样，这难道是潘石屹的错吗？

赚钱是天底下最大的道德，赚钱是企业家的第一慈善。潘石屹向哈佛捐款，我倒从中看到了他优秀企业家的特质。把同情心和广告效应结合起来，难道不是更有利于赚钱和表达同情心吗？我也想表达自己的同情心，可是我没有钱。

众所周知，哈佛是全球知名的大学，给全球名校捐款，其广告效益自然是全球的，同样花钱在电视上做广告，你是选村镇的、城市的、省里的、国家的，还是世界性的好呢？用脚后跟也能得出正确答案嘛！人家拿自己赚来的一大笔真金白银做慈善，你非要人家哑么悄声没有反响，是不是希望慈善的举动越来越没有激励？

潘石屹不捐国内大学，你应该问责国内大学是否值得捐才对。这你有权利过问，因为公立大学有你的一份，你问责是正当地行使你的权利。这你恰恰不问。

中国大学之弊你是真的不知道，还是假装不知道？你根本无法保证你的捐款用在了正确的用途上。我身在高校，不便说，也不想说。不妨说说红会吧。捐给红会，却不知道他们会拿你的钱去买霉面包吧？

相比之下，哈佛大学每年接受捐助的款项达到350亿美元，哈佛大学1636年成立至今一直以公司名义注册，按公司方式运作，拥有董事会、监事会和一整套公司财务监管制度，其透明、公正、合理已经得到时间的检验。捐助给这样一所成绩卓越而又阳光的大学，让资金发出璀璨绚烂的光芒，是件多么开心美好的事。可是你，定要明珠暗投，是不是有点暴殄天物啊？

2014年7月

中越之间不可能爆发战争

一段时间以来，围绕西沙群岛主权和开发利用问题，中越双方从扣押渔民，到船体撞击和水炮射击，冲突不断升级，特别是近期越南国内发生主要针对中国企业和公民的打砸抢烧严重暴力事件，造成中国公民生命和财产巨大损失，引起中国人极大的愤慨。

主权之争就是这么一件有趣的事情，有争议的地方，双方都必须据理力争，否则无法对国内老百姓和对立派交代；而一旦争执起来，双方似乎又都没有了退让的余地。

既然没有退让的余地，双方会不会因此而爆发战争呢？我不懂军事，甚至不懂地理，但我坚定地认为中越不可能打仗。是的，不是打仗的可能性小，而是根本不可能打仗。

越南不能打。这仗根本没有打赢的可能性，怎么能够开打呢？

中国不想打。单纯从军事上说，中国能打赢。但是打仗是为了什么？利益！那么我们就必须算一算打带来的利益多，还是不打带来的利益多——千万不要给我讲什么主权无价这样的混话啊！

中越开战，损失的主要不是枪炮人员，也不是与越南经贸往来的中断。中国正在崛起，眼看GDP就要超越美国成为世界上最大的经济体，此时此刻，有人正在找中国威胁论的理由呢，犯得着一个强国去打一个弱国吗？犯得着冒失去良好、和平的外部环境的风险吗？

中国已经成为世界上最大的进出口国家，必须考虑外部世界对于中越开战的反映。请不要说，普京在克里米亚已经牵制了国际社会的力量，是中国对越南用强杀一儆百的时候了。普京在克里米亚用强，暂时获得民意，但经济搞不上去，民意迟早会失去。普京在克里米亚用强，恰恰是中国在俄罗斯和国际社会斡旋渔利发展经济的好时机，而不是也去对外用兵用强。

我没有忘记1979年中越曾经开战，但那时中国还是一个封闭国家。

西沙的问题，并不是今天才有，这些年都没有打，为什么今天就得非打不可呢?

看起来没有解的事，政治家们其实是有智慧解决的。前两年，中日钓鱼岛之争剑拔弩张，擦枪走火似乎一触即发，今天不也是风平浪静下来了许多吗?

我认为，越南国内发生的主要针对中国企业和公民的打砸抢烧严重暴力事件，是越政府默许的。这就是政治家的把戏。海上聚焦了国内国外的注意力，没有退让的余地。可以在陆地上让民粹分子有个宣泄，把事情做过了，造成一个理亏的局面，既便于收拾国内局面，同时也可以给中国台阶下。你看，我抓了打砸抢烧分子，给予了严厉处罚。道歉还无伤面子，因为我们做过了嘛！而国内民众，经此宣泄，也就平静下来。经此宣泄，人们对海上会淡然许多。中国呢，当然要撤回公民，甚至陈兵边境，对越施加压力。但那只是做做样子而已！

发生针对中国企业和公民的打砸抢烧严重暴力事件，这其实是越南想平息海上冲突的重要信号，你千万不要把它理解成为中越冲突升级。真要打架，哪会这样干，先出了拳头再说。

好比两个人吵架，不激烈到一定程度，怎么能沉寂下来？但不会一吵架就你死我活吧！放心，越南会道歉，重申非常重视发展与中国的友谊，军队不会采取使局势复杂的举动，愿与中方就有关问题保持沟通。中国也能不计前嫌，继续发展与越南经贸等各方面关系。

贸易是战争的替代。中越之所以不能打仗，正是因为都融入了世界市场。中国和周边国家的领土争端，还是要以维持现状为好。你说是你的，我说是我的；你已经占了，我不来打；我已经占了，你也不来打。没有占的，抢着占。这不算是正经的事。正经事是发展经济，增强双方经贸往来。中国应该推动亚洲自由贸易区的建设。试想，一百年前欧洲打打杀杀的，但是今天他们统一了货币，未来还会统一财政，还可能打仗吗？亚洲的问题复杂，但是两百年后，亚盟会不会成立？到了那一天，这些领土领海争论还有什么意义呢？

小平说得好：我们这一代人没有智慧解决这个问题，后世的人们比我们有智慧，这些问题还是留给后人解决吧。这是高级智慧，相信所有相关国家的领导人都是具有这个智慧的。

2014年5月

管制和宏观调控的海市蜃楼

关于管制和宏观调控，我们有很大的误区。

真实变量不会因为管制而改变，管制并不能达到管制者宣称的目标，而起伏波动则是经济的自然属性，政府试图用需求管理的办法烫平经济周期是完全错误的。

并非如主流宏观经济学所说的，货币宽松就能降低利率，实际上，超发货币可以提高而不是降低利率。

政府投资创造GDP，然而可能消灭财富。

由于财富与经济增长互为因果，因此消灭了财富，就应该不利于长期经济增长。

凯恩斯、屠夫与经济危机

问个傻问题：一百年前，人们一顿吃几碗饭？大约两碗吧。今天人们一顿吃几碗？大约还是两碗。这带来一个有趣的话题：假设今天的经济结构（产出结构和消费结构的总称）还如同一百年前，那么会是怎样的后果呢？答案是：一定会生产过剩。因为今天的劳动生产率高出一百年前的不可胜数。同样的资源，生产出的将是吃不完的粮食。今天我们几个小时便可以生产出一台汽车来，但一台车可以开多少年？少说十多年吧。

是的，这是一个生产能力超过了消费能力的时代。然而为什么生产过剩、经济衰退并没有成为经济的常态？相反，虽有波动，但人类是在近现代才真正进入到高增长时代。

说生产能力超过消费能力，是指人类对于同一种产品和劳务的需求是有限度的。但是当新产品和劳务被发明的时候，又会形成新的需求，就不能说生产能力总是超过消费能力。人（对于新产品和劳务）的欲望永无止境。是故与经济持续增长相伴随的一定是产品和劳务的极大丰富，与经济持续增长相伴随的一定是经济结构（产出结构和消费结构的总称）的改善。

当新的技术发明了，新的产品和劳务出现了，就会形成投资，产生就业和收入。收入的增加又会带动消费、新的投资与就业，经济于是走向繁荣和高涨。新的市场的发现、城市化、工业化，一切新的增长机会都会以这样累进叠加的方式制造经济繁荣和高涨，但是经济最终又都会因为生产能力超过消费能力而以衰退、萧条终结。反过来也一样，经济在走向衰退和萧条的过程中也有累进叠加效应。人类经济就是在这样的循环往复运动中螺旋式增长的。

这种累进叠加效应决定了，经济在走向繁荣和高涨的过程中容易形成泡沫，在走向衰退和萧条的过程中也容易发生过度调整。这也意味着政府可以利用需求手段进行一些必要的干预。但是这只限于消除累进叠加造成的过度调整，不可以企图通过政府人为制造的需求永久地解决掉生产过剩。经济向上或者向下做调整，不是经济现在出了问题，而是过去出了问题。调整其实是经济自我康复和修正的过程，不能不让经济发挥其自愈的功能。

一切凯恩斯主义的救市措施所做的只是把矛盾进行转移，一切凯恩斯主义的救市办法也只能是把眼前的这种性质的困难转化成未来的另一种性质的困难。无非是用今天的少失业换明天的少就业，用今天的产出少下跌换明天的价格多上涨。天下没有免费的午餐，概莫能外。

不必讲什么基础设施建设之类的陈词滥调。修起来的路，将来要有车在上面跑，这是前提。否则靠基础设施建设拉动的增长就不可持续。如果资源不是稀缺的，那么我们想建什么尽管可以建，完全不用考虑其他。可是资源是稀缺的，这是我们无法摆脱的约束。基础设施并不特殊，修起来的路将来没有车在上面跑，这和我们生产出来的产品卖不出去没有两样。

凯恩斯勋爵当年把有效需求不足归因于边际消费倾向递减、资本边际效率递减、流动偏好：边际消费倾向递减使得消费需求不足，资本边际效率递减和流动偏好使得投资需求不足，从而有效需求不足。说当年，是因为不知他老人家现在是不是还这样认为。可惜今天的宏观经济学教科书还这样讲。不是说边际消费倾向没有递减，不是说资本边际效率没有递减，也不是说没有流动偏好，但把它们全都归结成为心理因素，这是失之毫厘，谬以千里。

长期里，决定就业和增长的是供给。这是客观存在，而不只是心理。

长期里，供给决定需求。

和天国的凯恩斯勋爵做个约定吧：设使需求管理真能带领世界经济走出危机，走向繁荣，那么我就不研究经济学了，我要回农村老家杀猪去。因为杀猪，一定是个比研究经济更有技术含量的活计。

2011年2月

与凯恩斯勋爵的约定

华尔街金融危机后，我在《凯恩斯、屠夫与经济危机》一文中，和天国的凯恩斯勋爵做了个约定：设使需求管理真能带领世界经济走出危机，走向繁荣，那么我就不研究经济学了，我要回农村老家杀猪去。因为杀猪，便是一个比研究经济更有技术含量的活计。现在看来，我是不用回家杀猪了。

和凯恩斯勋爵做约定，我当然要有自信的理由。这个理由，我在《凯恩斯、屠夫与经济危机》一文中已经做了基本说明。这里结合世界经济的新形势再做几点补充。

过去二十多年，有两个重要事件不可忽视：一是IT革命使得供给端更加有效率；二是柏林墙倒塌前计划经济国家转轨市场经济，二十几亿廉价劳动力重新融入到世界市场，这二者共同稳定了美国制造业工人的工资和制造品的价格，加之前计划经济国家对于作为国际本位货币的美元的巨大需求，使得美国可以长期实行零利率的扩张货币政策和赤字财政政策，而不发生通货膨胀。中国也搞扩张货币政策和赤字财政政策，只是钱的用途不一样。美国讨好选民，搞高工资、高福利；中国搞投资、搞建设。一个消费，一个生产，好不和谐。

货币扩张，当然会带来短期的高增长；赤字财政，把未来的钱叠加到现在花，当然会产生短期的繁荣。这些因素累积作用，成就了世界经济过去二十多年的高增长。

但是今天不一样，IT革命的效应已经用尽，也不可能再有二十多亿的廉价劳动力重新融入世界市场。美国和西方国家会因为通货膨胀而不得不终结长期扩张的货币和财政政策。没有了他们的高消费、超前消费，中国的过剩产能也就成为问题。这是一个新的重要约束。

过去二十多年，世界经济的高增长其实是一种非常态的高增长。某种意义上，华尔街金融危机就是这种非常态高增长的强制性回归。

是的，当主要国家面临通胀压力而不得不收缩货币和财政时，金融危机就不可避免了。

本来，当今世界只有极少数国家在极少数的年份存在财政赢余，其余都是负债经营。特别是欧洲国家，由于高福利政策，政府的负债水平本来就很高。金融危机后，各国都实施庞大的刺激计划，但是钱从哪里来？又不能完全依靠发货币，因为现在再发货币，无可避免地要面临通货膨胀的压力，于是只能发债。发债如果真能复苏经济，倒也没有问题。但世界经济并不是简单的有效需求不足的问题，而是存在重大结构失衡，决不是需求管理可以解决的；不但不能解决，反而会加剧结构失衡。所以，发生主权债务危机和银行倒闭就不是奇怪的事情，相反，不发生主权债务危机和银行倒闭那才奇怪。

柏林墙倒塌，二十多亿廉价劳动力融入到世界市场，按说西方国家的高工资、高福利是无法维持了。但过去二十多年，由于来自发展中国家廉价制造品对于物价的抑制，西方国家的实际工资不但没有向下调整，反而上升了；由于可以长期实行零利率货币政策和赤字财政政策，经济反而可以实现非常态高增长。但是长期里，这种局面是不能维持的。这就是世界经济结构失衡的根本原因，也是金融危机爆发的深层次原因。西方国家不去除高福利，不增加劳动市场的弹性，就无法面对来自发展中国家的竞争，中国则必须去产能，遏制过度投资，并增加消费，否则，世界经济就不可能重回高增长、低通胀轨道。但这样的调整显然不容易。

让我再说一遍：一切凯恩斯主义的救市措施所做的只是把矛盾进行

转移，一切凯恩斯主义的救市办法也只能是把眼前的这种性质的困难转化成未来的另一种性质的困难。无非是用今天的少失业换明天的少就业，用今天的产出少下跌换明天的价格多上涨。天下没有免费的午餐。谁也不能例外。决不是完全反对宏观调控，但宏观调控只是消除经济自发向上和向下调整过程中因累进叠加效应而产生的过度调整，只应该以此为限。

2011年8月

数量调整优于价格调整

央行决定于2010年12月20日再次提高存款准备金率0.5个百分点。这是年内第6次提高存款准备金率了。央行的行为可能让那些主张加息的朋友失望了。不过倒也不必简单批评央行。

成本不能推动通货膨胀，通货膨胀无论何时何地都只是一种货币现象。对付通货膨胀，根本之法只能是回收货币。有三种回收货币的办法：（1）提高存款准备金率；（2）通过公开市场发行央行票据；（3）加息。

问题是，政策的实际效果依赖于经济面临的具体约束。这决定了政策选择不是简单、容易的事情。大家的分歧不是要不要治理通货膨胀，而是怎样治理通货膨胀更为有效。当然，不同的人对于通胀率的容忍度是有差异的，但这不是主要问题。

我的观点与央行相近，对付今天中国的通货膨胀，应该首选数量调整而不是价格调整，即应该首选调整存款准备金率而不是调整利率。大约在2010年四五月的时候，我连续写了《为何不加息》《从项博士的经验研究再说不加息》两篇文章来谈论这个问题。决不是无视负利率的存在及其对于民众储蓄行为的影响。经济负利率，理性的民众当然要减少储蓄，增加购买，这无疑会加剧通货膨胀的形成。

但是今天的经济面临着特殊的约束，对此我们不能不考虑。这决定了不能按常规方法治理今天的通货膨胀。也不是永远都不调整利率，只是有个时机选择的问题，有个政策先后次序的问题。数量调整其实是价格调整的一种间接替代。当经济的货币量减少了，真实的市场利率一定会上升的，无非是间接一些。

今天中国经济面临如下特殊的约束：

其一，当今世界流动性泛滥，资金又具有大规模流进流出的便利条件，不管人民币（实际汇率）事实上是不是低估了，其必然会处在长期的缓慢升值的过程之中。给定这个背景，加息一方面虽有抑制通货膨胀的效应，但是另一方面又会导致热钱大规模流入。这不仅使加息抑制通货膨胀的效果受到了影响，而且可能产生人民币进一步的升值压力。

其二，这次的通货膨胀，是金融危机后世界各国天量发行货币背景下的通货膨胀。世界经济面临结构调整的困难，不是一年两年就可以回归正常的。全世界实体经济都只是在政府强大刺激下的企稳回升，基础并不牢固。甚至，由于各国错误地以扩张需求来应对金融危机，未来世界经济将处在通胀压力下，特别是新兴国家在资产泡沫和通胀压力下不得不收缩货币时，世界经济可能再次面临下行的压力。对此政策制定者不能不做考虑而留有余地。

其三，在中国，由于软预算约束的缘故，行为主体对于价格变量并不敏感，这正是历次宏观调控中，政府频繁使用行政手段以及信贷控制、土地审批这样的控制数量变量的手段来调控经济的根本原因。不要指责政府用这样的手段来调控经济。我不是说这样的调控手段就是最优，但不解决软预算约束，就不要期望通过价格变量能够有效调控经济。想想吧，银行贷款主要贷给了谁？不会否定主要贷给了国有企业吧？国有企业怎么可能因为利息提高就减少贷款？国企的老总们关心的只是在自己的任期内有没有钱花，有没有项目可做，至于其他的一切是不需要考虑的，至少不是优先要考虑的。再想想吧，资产价格上涨预期那么强烈，给定能贷出钱来，就算利息高一些，私企和个人会减少贷款或者不贷款吗？在中国，调控数量变量比调控价格变量更为有效。这一点我们不能不明察。

不要误会，不加息，不是说不要抑制通货膨胀。恰恰相反，避免人民币升值和加息双重预期的形成，这才是真心实意抑制通货膨胀。不加息，也不是永远都不加息，最终还是要加的。但是先通过数量调整收缩货币，再选择在适当时机加息，比如人民币升值压力小一点的时候，或者西方国家也加息的时候再加息，这才是一条行之有效的抑制通货膨胀的路径选择。

2011年1月

根本问题是要减少政府干预

早知今日，何必当初。刚刚还是产出下降，失业增加，操心怎么刺激经济，转眼间，通货膨胀就变得不可控制，争论的焦点变成了是加息还是提高存款准备金率。且不说资产泡沫，今天我们面临如此巨大的通胀压力，是不是要反思我们过去的经济刺激政策存在某些问题呢？治理通货膨胀当然必要，但反思经济产生如此骤冷骤热的根源是不是更显重要？

凯恩斯主义是一本糊涂账，政客们则利用了这本糊涂账。宏观调控不是市场经济的需要，而是政客和宏观调控部门的利益需要。脑袋稍微清醒的人们，请你们认真想一想：去年还在大规模的刺激经济，又是积极财政，又是扩张货币，今年又加息又大幅上调存款准备金率，转而变成治理通货膨胀，政策这样忽上忽下、频繁调转方向，到底谁得到了好处？想想吧，一个学者，只是因为进入了央行货币委员会，讲课费一下子就高出好几万来，这是因为什么呢？

我要在一个更加广阔的视野下来观察宏观调控的问题。在我看来，世界经济过去二十年来的高增长，其实是在IT革命和柏林墙倒塌两个有利条件下，因为各国政府大规模扩张货币和财政而成就的一个非常态的高增长，华尔街金融危机则是这种非常态高增长的一个强制性回归。这个问题我在一系列的文章中有过论述，这里就不再详说了。这里要说的是，宏观调控从来就没有烫平过经济周期，相反经常地成为经济巨幅波动的根源；

宏观调控从来都是有代价的，宏观调控只是把今天的这种性质的困难转变成为明天的那种性质的困难。政客和宏观调控部门总是有过度调控的冲动，他们决不会仅仅是出于避免经济衰退而调控经济，他们还要为经济衰退之后能继续调控通货膨胀创造条件。要知道，宏观调控的代价从来都是由老百姓来支付的。今天，我们口袋里的钱“毛”了，就是宏观调控的代价。

我们真的需要反思，经济的波动到底是因为市场本身的缺陷而起，还是因为政客和宏观调控部门的过度调控而起，又或者是因为政客和宏观调控部门不具有调控经济的能力而起（总要把人往好里想一些才好）。我们需要反思，是不是要对政府的宏观调控权力做些约束和限制，而不是像凯恩斯主义者那样简单地认为政府天然具有宏观调控经济的职能。

此时此刻，我们有必要重温市场捍卫者弗里德曼教授的经典论述：“‘充分就业’和‘经济增长’在过去几十年内已成为扩大政府干预经济事务范围的主要借口。据说，私人自由企业经济具有固有的不稳定性。听其自然，它会产生繁荣和萧条这种周期性的循环。因此，政府必须进行干预，使事态保持稳定。在三十年代经济大萧条时期和其以后，这些论点是特别具有说服力的，并且导致这个国家执行新政和其他类似的政府干预。近年来，‘经济增长’已成为较流行的口号。他们争辩道：政府必须保证经济的扩展……但是这些论点完全是错误的。事实是：那次经济大萧条像大多数其他严重失业时期一样，是由于政府管理不当而造成，而不是由于私有制经济的任何固有的不稳定性。政府建立的一个机构——联邦储备系统——受命掌管货币政策的职责，在1930和1931年，它行使职责如此不当，以致把否则会是一次缓和的经济收缩转变为一场大的灾难。同样在今天，政府的措施构成了美国经济增长的主要障碍。对国际贸易的税收和其他种种限制、高额的赋税负担和复杂而不公平的赋税结构、各种调解委员会、政府对价格和工资的规定以及大量的其他措施促使个人滥用和错用资源，以及使新储蓄用于不适当的投资。”弗老是站在美国看世界，站在过去看到了今天啊！

没有理由不同意：“为了经济稳定和增长，我们迫切需要的是减少而不是增加政府干预。”

2011年1月

超发货币提高而不是降低利率

主流经济学理论认为，扩张货币可以降低利率，通过刺激投资和消费从而繁荣经济。然而实际情况并非如此。这其中是怎样的道理呢？为什么主流经济学理论在当今世界失灵了？

货币之水不会均匀流向经济的每个领域，而是首先流向包括房地产在内的资产市场，产生泡沫。总有人问：房地产有没有泡沫？答案其实既干脆又简单：凡资产市场，在价格上涨的过程中都会形成泡沫。当然，在价格下跌的过程中又会形成超跌。这正是资产市场的内在属性。

凡是能够带来收入的都是资产。人们需要资产，不是用它来满足自身直接的需要，而是希望它增值带来收入。一瓶水，我们需要它是要用它来满足我们的直接需要。一天最多喝10瓶，超过这个数就是白送你，你也喝不下了。但是资产不一样，我们需要它不是用它来满足我们的直接需要，而是希望它增值给我们带来收入。这决定了预期、不确定性、随机冲击在资产价格形成中具有重要作用。一个一文不值的东西，如果你认为它会涨价，我认为它会涨价，他认为它会涨价，大家都认为它会涨价，那么这个东西就真的会涨价，形成泡沫。如果货币超发，流动性泛滥，那么任何供给缺乏弹性的东西都会具有资产的性质。

自然之水低处流，货币之水却是往收益最高的地方流淌。当资产价格百分之五十、甚至百分之一百地上涨的时候，反过来又会产生更大的资金需求。其结果，愈是扩张货币，资产价格愈是狂涨而得不到控制；资金需求愈强，社会愈是缺钱。近年来，民间利率高昂，是货币少了吗？

不是，恰恰是货币多的缘故。实体经济经营困难，是货币少了吗？不是，还是货币多的缘故。资产泡沫化，钱反而要大规模流出实体经济。实体只是个平台，融得了钱，还是炒房炒地。当房价地价大涨的时候，利率要上升，汇率要升值。是不是泡沫化，不好观察，你说有，他说没有，没有一致答案。但是，当货币宽松而利率高昂、货币对内贬值对外升值，一般来说是泡沫化了。

泡沫化与高杠杆化紧密联系。

泡沫化中，没有人愿意让钱久留手中，同时更多的人希望借钱花。一笔可用资金，你花出去，变成他人的收入和存款，经过金融中介，又变成另外一个人的借款（可用资金）……不断循环，债权债务链无限延伸，M2跟着膨胀起来。这种债权债务链的拉长是高杠杆化的一个方面，而M2巨幅膨胀正是高杠杆化的外在表现。

泡沫化中，人们以资产作抵押融资。本来资产只值6元，但泡沫化中涨到20元，以它作抵押借到12元，实际就是6元钱借了12元。这是高杠杆化的又一个方面。

泡沫化中，赚钱那么容易，银行不会让钱作为存款被提取准备金，作为贷款接受利率管制。理财产品于是应运而生。理财产品让银行可以将储户的钱全部用于生利，并且不接受利率管制。其他非银行金融机构也会尽可能地把每一分钱都放出去生利。中国的理财产品从无到有，短短几年达到13万亿，非银行金融机构爆发增长，正是银行等金融部门在规避监管、分享资产泡沫。这是高杠杆化的第三个方面。

如果价格继续上涨，问题还不会暴露。但是，这要以不断增加货币供给为条件（现实不可能总是这样），即使货币总能快速增长，当泡沫化足够大杠杆足够高，一有风吹草动，只要有一笔坏账产生（这是难免的），便会产生出庞大的坏账来。而银行等机构对于债权人的支付是刚性的，“钱荒”和高利率于是必然产生。这正是当前发生在中国的情况。

今天，全世界都面临流动性泛滥虚拟经济游离于实体经济之外自我膨胀、自我循环，充满投机性的新现实，这使各国经济运行和宏观经济管理面临新的重大挑战。在这个新的形势下，扩张货币未必起的是降息的作用，可能反而会增加利率。那些习惯于货币扩张能够降息的教条主义者，不容易明白，此一时，彼一时，其实货币扩张也可以提高利率。

2013年7月

政策先松而后紧大幅提高利率

主流经济学认为，扩张货币可以降低利率，刺激经济。但实际情况并非总是这样。货币扩张后最终会因为通货膨胀而不得不紧缩，扩张之后再紧缩，必然大幅提高利率，扼杀经济。

货币扩张，也许短期消费物价指数不会上涨，但资产价格一定上涨。随着资产价格上涨，最终价格上涨会传导到消费品市场。当消费品价格上涨后，政府就必须要收缩货币了。

当政府实施扩张性货币政策的时候，一开始利率是下降的。但是由于其后必然面临紧缩，这种利率下降只是一个短期现象。扩张初期，由于资金好贷，利率也低，企业和个人于是增加投资，扩大生产。不一定是实体经济领域的投资和生产，也可能在资产市场上炒房、炒地、炒矿等。可是刚刚增加了投资，扩大了生产，政策就转向紧缩。这种情况下，即使利率提高了，企业的理性选择也可能是继续贷款把项目做完。

政策扩张，你于是贷款盖房。贷款500万元，利率10%，房子建成可以获得600万元的卖房收入，你有50万元的利润。四层的楼房，刚盖了两层，政策就紧缩了，利率提高到50%；盖后两层原计划200万元（前面两层花了300万元，因为打地基费钱），加上利息220万元，现在加上利息就得300万元。问题来了：现在你贷不贷？要不要继续把房子盖完？当然要贷，继续把房子盖完，因为把房子盖完需支付300万，但最终可以获得600万元的卖房收入。

虽然整体来看盖这栋房子前后总共投入了630万，最终只能卖得600万元，亏了30万元，但是当前面两层已经盖好之后，决策要不要继续盖房子的时候，其实是不用考虑前期的投入的。你只需考虑现在需投入多少，可以挣多少。现在你投入300万元，可以挣600万元，当然要继续把房子盖完。过去的投入，老百姓叫它“嫁出去的女，泼出去的水”，经济学叫它“覆水难收，历史成本不是成本”。政策多变，一松一紧，会大幅扭曲企业的营运成本的。

2010年～2011年，不只是利率高、贷款难、出现企业倒闭潮，还有一个有趣的现象，就是在2010年下半年到2011年上半年极短的时间里，出现了利率从17.96%到40%的巨幅拉升，短期甚至高达120%。这正是政策短时间内急剧转向、一松一紧造成的恶果。

政策变化拉高利率的另一个机制是，经济本来处在下行通道中，然而政府货币扩张，造成虚假繁荣。但这些产出最终不是经济所需要的，当面临通货膨胀而不得不紧缩货币的时候，亏损和坏账便难免发生。但是欠别人的钱却是硬约束，而且由于债权债务环环相连的缘故，一笔坏账会派生出众多的坏账来。2013年6月以来中国不断出现的“钱荒”现象，以及与“钱荒”相联系的高利率现象，就是这一机制内在作用的外在表现。华尔街金融危机后，全世界都超发货币，然而今天全世界利率都大幅度上升，也是这个原因。

所以，最好的经济政策是提供稳定的财政、货币环境的政策。但这不是一件容易的事情。

今天，全世界领导人都不是终身制，这使得他们都有超发货币的内在冲动，而信用货币制度又为超发货币提供了可能条件。让你向前猛跑100米，然后折回来向后猛跑100米，再折回去向前猛跑100米，几个回合下来，你一定会口吐白沫，倒地站不起来。企业也一样，经不起这样一松一紧反复折腾。就如你经营饭店，今天1000个客人，明天一个也没有，你就不知道怎样备菜，你这个饭店必黄无疑。政策多变，企业就会无所适从。今天世界经济遇到的困难，其实是政策造成的困难，深层次又是财政货币制度的困难。

2013年12月

政府投资创造GDP消灭财富

政府投资是花别人的钱办别人的事。弗里德曼说："花自己的钱办自己的事，既讲节约，又讲效果；花自己的钱办别人的事，只讲节约，不讲效果；花别人的钱办自己的事，只讲效果，不讲节约；花别人的钱办别人的事，既不讲效果，又不讲节约。"

政府和私人的投资都能带动GDP增长，但是对于财富的影响却有天壤之别。私人投资带来的GDP增长往往是真实的财富增加，而政府投资带来的GDP增长却有可能是消灭财富。

政府搞投资，广场、公路一定大过需要。这些虽然产生GDP，但是超过需要的部分，就是消灭财富。政府投资高铁，短期产生GDP，但修成的高铁没有人乘坐，产生亏损，也是消灭财富。

然而政府投资对于财富的消灭并非只体现在其超过实际需要的部分。一般来说，政府投资价高质次。政府投资公路，过两年就要修补、重铺。这虽然也产生GDP，但路还是那条路，财富并没有增加，不但没有增加，反而减少了，因为补路、重建的材料本来可以用来做别的。

根据以往的经验，政府投资项目资本金占总投资数额的比例一般不超过30%，多数要依靠银行贷款解决，这意味着银行坏账将增多。银行坏帐最终要通过央行印钞来解决。对此徐昌生先生有过精彩的分析：

央行凭空印出来的钞票虽然不是假钞，但它和假钞的作用异曲同工，都使老百姓手中的货币发毛。表面上看，老百姓存在银行里的存款没有减少，但其购买力已经被稀释，财富已经缩水。

如果有一个犯罪集团，通过顶尖的技术手段可以印出与真币一模一样的钞票，并且用这样的钞票来修路造桥，而且这些设施也的确是民生所需，大家会认为他们是在做好事吗？会认为这样的行为带来社会财富增长吗？其实，真钞也好，假钞也罢，超过了社会财富总量的钞票，或者说给社会带来通货膨胀的钞票，在本质上都是假钞。假钞只会扰乱经济，决不会带来财富增长。大家想想，假使政府通过印钞搞投资建设就能够带来财富增长，中国就不用为发展经济而费尽周折呕心沥血了，只需政府多建几家印钞厂没日没夜地开机印钱就行了。

即使政府投资资金全部来自财政预算，仍然是财富转移而不是财富创造。因为税收是从老百姓那里收走的，政府收得越多，老百姓留存的就越少，政府投资的钱越多，老百姓投资和消费的钱就越少。本来这些钱可以由老百姓来高效投资，结果被政府收了去做低效投资，甚至是无端挥霍，这势必严重挫伤老百姓的创富积极性。

也许有人提出疑问，没有政府投资，公路铁路机场这些基础设施谁来修？其实，大家大可放心，只要政府放开这些投资领域，只要政府让更多钱藏富于民，私人投资自会积少成多源源不绝，并且比政府建设更加精准更加高效。

是的，就算政府投资正确因而没有消灭财富，由于其投资资金或者来自通货膨胀或者来自财政预算，那也是财富转移而不是财富创造。

2013年3月

价格下降不等于通货紧缩

前不久接受采访，记者问："目前市场很多声音在质疑和担心人民币超发，然而中国却面临通缩压力，你怎么理解这种现象？有观点认为这几年人民币被高估加速了通缩的局面，你对此怎么看？"

读者朋友们，换了你，该怎么回答这个问题呢？

这是一个拷问人的经济学常识和良知的好问题，我要在这里做一个认真的回答。

首先，我们对通缩的担忧是过度了。既然我们承认经济泡沫化了，产能过剩了，又怎么见不得价格下降呢？假如价格上涨的话，那岂不是供不应求了，又怎么可能是产能过剩？

其次，价格下降不等于通货紧缩。所谓通货紧缩，是说货币量少于经济的需要，导致价格下降。和通货紧缩相对应的，不是局部商品和劳务的价格下降，而是全部商品和劳务（包括资产）的价格下降。一部分商品和劳务价格在下降，可是另一部分价格在上涨，就不能简单说是通货紧缩。就当前经济来说，房价在降，CPI在走低，但三季度也还1.6%，说明消费品价格仍然在上涨，只是涨幅下降了，股市在大涨，怎么能说是通货紧缩呢？

再次，价格下降和经济增长也未必矛盾。电子、汽车、旅游，这些行业哪个不是价格在下降而行业却在快速增长？生产率提高，价格本来就应该下降才对。既然我们要走内涵增长道路、靠提高生产率来发展经济，那么就不要一见到价格下降就认为是通货紧缩。

货币超发和价格下降不矛盾。价格下降不是说就没有货币超发。在去泡沫化的过程中，或者生产率大幅提高的时候，都有可能出现货币超发同时价格下降的情况。当前股市飞涨，钱都进入股市，那么出现货币超发而商品和劳务价格下降的局面，就一点也不奇怪了。

至于人民币汇率高估还是低估的问题，不是刚刚还在说人民币汇率低估了吗，怎么转眼之间又说人民币汇率高估了？天下哪有这样变来变去，像变色龙一样的学问？

老实说，我认为主流的汇率理论错得离谱。并非如教科书所言，因为国家间在生产率等方面发生了相对变化，所以汇率需要调整。汇率当然要调整，无论固定汇率制度，还是浮动汇率制度，实际汇率都会自发调整，只是调整的方式不一样罢了。所谓固定汇率，并不是汇率真的固定了，固定的只是名义汇率，实际汇率会通过工资和物价变动间接得到调整；所谓浮动汇率，无非是通过调整名义汇率直接调整实际汇率。认为固定汇率像表面听起来的那样真的是固定不变的，只有浮动汇率下汇率才是变动调整的，这是十分愚蠢的看法。

汇率高估或低估的说法非常含糊。名义汇率可能高估或者低估，但是实际汇率不可能长期高估或者低估，至少升值通道中的货币，由于工资和物价向上调整没有障碍，其实际汇率是不可能长期偏离均衡的。否则，我们怎么理解前不久还在说人民币汇率低估了，现在又说人民币汇率高估了？

当然，由于工资向下调整有困难，因此处在贬值通道中的货币其汇率是可能长期低估的。

而且，汇率变动对于国内价格水平的影响也并非如教科书所描述的那样。在流动性泛滥、虚拟经济游离于实体之外经济自我循环、自我膨胀的当今世界，本币升值可能加剧国内通货膨胀，贬值则可能加剧国内通货紧缩。今天，国际热钱的流动速度与规模是过去无法比拟的。经济环境在变，汇率变动的作用机制也在变，我们千万不能不察啊！

2014年12月

都是管制惹的祸

蒋勇何人？重庆市原规划局局长，中国建设规划系统最大窝案之主角是也。他以不断为房产商增加容积率为手段，收受贿赂1796万元，最终被判死缓。这无疑是个人的悲剧。可是每当遇到这样的贪腐大案，我脑子里挥之不去的问题却是：这仅仅是个人的问题吗？我们仅仅停留在申讨、惩罚腐败分子的层面上能够根本解决问题吗？

所谓容积率，是指一块土地上允许建设的建筑面积与这块土地本身面积的比值。当今中国，一块土地的容积率应该是多少，或者说应该建多少房子才算合适，这是由规划部门强制认定的，开发商不得任意更改，否则，不仅会面临巨额罚款，而且有可能建成的房子最终无法通过政府的整体验收，后果不堪设想。没有错，容积率越高，单位土地上就可以建更多的房子。蒋勇们正是通过收受贿赂给开发商办高容积率的规划手续来获得滚滚财源的。

人人都明白，开发商当然不愿意容积率过低。然而我的问题是：没有政府管制，开发商会不会让容积率无限地高呢？答案是：不会的。没有政府的容积率管制，不会到处摩天大楼林立的，因为高楼的建造成本开发商烂熟于心，建起来卖不掉岂不是赔本赚吆喝？没有政府的容积率管制，小区里也不会都建成密不透风没有阳光的“牵手楼”，因为购房者并不是见到房子就掏腰包的白痴，他要购买的不仅仅是房子本身，还有外围的空间环境。

就是说，在特定的地理、气候等条件下，经过供需双方的博弈，存在一个市场认可的均衡容积率。现在的问题是，给定政府规划部门来确定容积率，那些大大小小的蒋勇们，会将容积率设定在怎样的水平呢？

朋友，不知道假如你是规划局局长的话，会将容积率设定在怎样的水平。但我赌你会和我一样。我谢作诗呢，小人一个。假使我是规划局局长，我一定要把容积率定得远低于市场均衡的水平。唯有如此，开发商们才会蜂拥而至向我行贿送好处。事实上，蒋勇们的落马伏法证明了他们是把容积率定在低于市场均衡的水平上的。

老实说，我倒是同情蒋勇们的，他们也是制度的牺牲品。不过故事还没有结束。政府的容积率管制带来的并不仅仅是腐败。从后果上看，政府的容积率管制不仅丝毫没有改进他们宣称要改进的社会福利，反而大大降低了社会福利。政府规定了低于市场均衡的容积率，结果怎样呢？在开发商们的贿赂下，容积率最终还是回到了高处。我请大家猜猜，回到怎样的水平？我的答案，最终还是回到市场本来的均衡水平。就容积率本身来说，管制和没有管制结果是一样的。

但又有不一样的地方。不一样的是，在政府管制下容积率回归到市场均衡水平，是以开发商行贿为代价。这个代价最终是要体现在房价上的，是要由开发商和广大消费者来承担的。我们知道：价高需求量就少，交易就少，GDP就少，就业就少。所以，政府的容积率管制可不仅仅是带来了腐败，还抑制了经济增长，转移了广大消费者的收入。

在我看来，容积率多少、绿化率多少、房子最高多少、车库数量多少、房型比例多少，政府的这些规划要不是吃饱饭撑着没事做出的闲事，就是一种别有用心的设租行为了。

2009年9月

使垄断成为问题的是政府的进入管制

当前改革要打破上游产品垄断经营。不只是银行，石油、电信各行业都要打破垄断。

但我们要清楚，真正该打破的垄断只有一种，就是依靠政府限制他人准入而形成的垄断，即行政垄断。只有行政垄断是有害的，需要反；其他的垄断，无害，不能反。在一个没有人为的准入限制的市场上，其实愈垄断愈好，愈垄断愈有效率。想想看，在一个可以自由进入的市场上，你要打败对手，做到独家经营，不提供物美价廉的产品怎么可能呢？

我们很多人肤浅地认为：垄断和竞争是对立的，垄断会消除竞争。可是垄断和竞争根本不是一个层面上的事物。与竞争相联系的是资源的稀缺性。只要资源是稀缺的，那么在非鲁宾逊一人的世界，就总是包含着竞争。竞争总是存在，竞争从来都是激烈的。而与垄断相联系的是产品的差异性。只要产品是有差异的，那么一定程度的市场集中度就不可避免，一定程度的垄断就无法回避。垄断并不消除竞争，只是改变竞争的方式：不是在一个给定的市场上进行残酷的价格竞争，而是竞争怎么进入到某个市场中去。皇帝是不是垄断？皇帝金口玉牙，说一不二，当然是垄断。但是要知道，有多少人想当皇帝呢！林彪想当，王洪文想当，我谢作诗也想当。大家想想，连我谢作诗这样的人都想当皇帝，竞争能不激烈吗？！

不是所有的竞争都是好的。勤奋工作是竞争，偷懒耍滑也是竞争，所以重要的不是竞争本身，而是竞争的具体方式。行政垄断下也不是没有了竞争，只是改变了竞争的方式，即不是进行提高品质、降低价格的竞争，而是进行贿赂官员、搞到批文的竞争。后者是在进行价值分配而不是价值创造，这种竞争不但不会增加社会财富，反而因为租值消散而减少了社会财富。

也不是所有的垄断都是赚钱的。我的歌声独一无二，我的长相举世无双，但是我倒贴钱请大家听我唱歌，恐怕大家也不愿意。这正是张五常所说的："天生有才乃垄断，市场无价谁费心。"

在反垄断的传统理论中，市场份额越集中，企业的产量就越小，价格就越高。但是从产业的实际发展例子来看，情况恰恰相反：就像我们在汽车、电脑、手机等行业中看到的那样，产业快速增长、价格大幅下降，经常是跟市场集中度的提高相伴随的。在中国，银行、石油、电信等行业经常受到批评，真正的问题在哪儿？在于政府没有把行业放开，只允许少数企业做，不允许其他企业做。在这种情况下，企业很可能做的是合谋，而不是改进质量，降低价格。

需要特别注意的是，中国的行政垄断还可能因为政府的价格管制而变得更加严重。纵有千家银行，但是利率管制，实行一个利率，其实质就是只有一家银行。纵有万所大学，但是实行统一的学费，其实质就是只有一所大学。这就是中国大学、银行表现特别不尽人意的原因之所在。但是，所有这些都不是垄断本身的错，而是政府限制进入和价格管制的错。

所以，反垄断要害是放开市场准入、取消行政审批。有一个指标可以观察中国的行政垄断是否打破了。这指标就是发改委。发改委存在一天，中国的行政垄断就一天没有被打破！

2013年8月

经济学的海阔天空

经济学不只是研究资源配置的学问，更是看事物的视角与方法。

在经济学的视角下，“三从四德”不是歧视妇女，而是在没有避孕措施和DNA鉴定办法的前提下帮助人类进行基因界定的高级智慧；女人之所以漂亮迷人，得益于产权被清晰界定给了个人；而多生孩子与多养羊本质是一回事，都是产权没有清晰界定给个人的缘故……

“三从四德”不是歧视妇女

中国古代对女人有种种道德约束，比如“三从四德”“从一而终”“嫁鸡随鸡嫁狗随狗”……男人可以三妻四妾，但是女人就不行。我们有听说给女人立贞节牌坊的，但是有听说给男人立贞节牌坊的吗?

不要简单以为这是歧视妇女，是不合理。众所周知，基因的鉴别十分重要。假如基因混乱不清，就会出现近亲繁殖，不是脑残，就是身残，不缺胳膊，就少腿，人类就不能健康延续。所以这是大事，比天还大的事，是任何物种都要面对并必须有效解决的大事。

人的基因有两个来源：一个来自母体，一个来自父体。妈不可能假。但是爹就不一样了，爹有可能是假的。因此基因鉴别的问题，就等价地变成了鉴别父亲是谁的问题。

古代没有避孕措施和DNA鉴定办法，假如一个女人在同一时间跟多个男人在一起，那么孩子的父亲是谁就搞不清楚了，种族的延续就要出大问题。但是男人在同一时间跟多个女人在一起，就不存在这样的问题。只要女人在给定的时间内，比如一年，或者一辈子，只跟一个固定的男人，那么孩子的基因鉴别就不成问题。

对女人施以特别的道德约束，这是在没有避孕措施和DNA鉴定技术的情况下，回答父亲是谁、协助基因界定的人类高级智慧，我们怎么可以指责这是封建落后、是歧视妇女呢?

今天我们不需要这些道德约束了，可不是因为今天社会进步了，我们讲究男女平等了，也不是因为今天妇女经济独立了，不再需要依附男人了。完全不是这样。那些认为男女关系中经济地位决定了相对地位的论调，犯了古典经济学和马克思经济学劳动价值论一样的错误。不是劳动付出多，价值就越大；不是经济贡献大，男女关系中地位就越高。告诉大家，对女人做特别的道德约束，跟歧视妇女、男女平等扯不上关系。逻辑上，只要男女比例是1:1，那么在整体上男女就永远是平等的。告诉大家，是科技进步把诸位女士解放的，是避孕方法和DNA等基因鉴定技术解放了妇女。

对妇女施以特别约束绝不仅仅是我们中华民族的事，西方人也一样。中世纪的时候，西方妇女穿贞洁裤。和中国的“三从四德”相比，这是有过之而无不及。大家知道，中国古代有女人脚缠得越小越美的审美取向，西方则有女人穿高跟鞋好看的审美情趣。我的问题是，为什么人类会进化出女人穿高跟鞋美，而男人穿高跟鞋就不美的审美判断呢？不要想当然地认为“女人穿就是美，男人穿就是不美”，苏格兰的男人就穿裙子啊。中国女人缠脚，西方穿高跟鞋，这是异曲同工，背后共同的社会功能是让女人做“坏事”都跑不快。

有朋友用走婚制和少数民族部落用妻子招待朋友的行为来反驳我，可是这驳不倒我。实行走婚制和用妻子招待朋友的部落，一定种群人数极少，少得靠种族内部婚配已经不能健康延续了。另一方面，这些地方一定很穷，需要养儿防老。那么选择吧：是自己的孩子，可不是傻就是残，自己老无所养好呢，还是虽然是别人的孩子，但毕竟健康，将来老有所养好呢？

黑格尔讲：“存在即合理。”“合理”是什么意思？是说每一件事都有其存在的理由和根据。用经济学的术语来讲，就是每一件事都有它赖以产生的约束条件。至于这个理由、根据，或者说约束条件是好还是不好，我们喜欢还是不喜欢，那就是另外的问题了。

存在即合理，当见到一些反常的、离奇古怪的现象，我们就不要简单地骂那是不合理。你不希望某个现象出现，不是简单地反对这个现象本身，而是要去除这个现象赖以产生的约束条件。你不愿意看到“三从四德”，那么你应该发明避孕的措施或者鉴别DNA的办法。

存在即合理，当你想要某个现象出现，也不应该简单地倡导这个现象，而是应该努力建设支撑这个现象的约束条件。我们希望官员廉洁，但这不是道德教育可以实现的，应该进行支撑廉洁的制度建设。这是“三从四德”，更进一步说是“存在即合理”给予我们的启示。

2013年12月

钻石有多重，爱情有多深

一个有趣的现象是，人们言论五花八门，可是行为却出奇地一致。

问：如果攻打钓鱼岛，你愿意捐一个月的工资吗？爱国者：我愿意！问：如果攻打东京，你愿意捐一年的工资吗？爱国者：愿意！问：如果打美国呢？爱国者：我捐一条命！再问：那打越南呢？爱国者：我……我是独子。问（奇怪）：为什么打日本打美国你愿意捐钱捐命，打越南反而畏惧呢？爱国者：因为打越南真的有可能！

都说丑媳妇是福，可是大家见过男人抢着追丑女的吗？有哪个男人不是见了美女"眼放绿光"？又有哪个女人把自己化妆成大花脸去约会相亲？

之所以人们的言论五花八门，行为却出奇地一致，是因为言论没有成本，行为却有代价。所以，我们见多了"宁可华夏不长草，也要收复钓鱼岛；宁愿华夏遍地坟，也要杀光日本人"的喧嚣，可就是见不到主动捐钱捐物攻打日本的人，更没有见到主动提枪上阵的主儿。

我因此反复告诫朋友，不要相信人所说的，要观察他所做的。你说朝鲜好，可是你把存款和家人都放美国去，只能说明在你的心中美国比朝鲜好。你有意说朝鲜好，就是别有用心。

为什么求婚要送上大戒指？为什么结婚女方要彩礼？不要以为这是封建、是落后，这是让他付出代价。没有代价，你说"我爱你"，我怎么知道你是真爱呢？没有代价，你可以今天对我说"我爱你"，明天又对她说"我爱你"，你可以见着任何女孩都说"我爱你"呀。所以，钻石有多重，爱情有多深。当然，这个重是相对于他的收入和财富而言的，并不绝对。

你说你爱我，那好，把工资卡交上。交上工资卡，不用说“我爱你”，那也是真爱。

为什么结婚要大宴宾客，让人人皆知？是要提高他离婚的成本。要他敲锣打鼓，让乡里乡亲都知道他娶了你，他要是变心，大家就都知道他是个负心郎，就没有女孩子再嫁他。反之，他要是悄悄地、不动声色地就跟你结婚，那他也可以悄悄地、不动声色地跟你离了再娶。

再说，必须付出代价，他才会珍惜你。他“倾家荡产”，就没有能力再“爱”别人了。

看一个有趣的现象。为什么不少北京人没有到过长城，可是外地人但凡来到北京，很少有不到长城的？还是成本在起作用。好比我从杭州飞到北京，飞机票1000元。到了北京后，决定要不要去看长城，这1000元由于已经花了出去，没有选择，因而就不构成我看长城的成本了。现在我去看长城，成本只是从北京市区到长城的交通费、门票以及占用的时间的价值。但如果我到了北京不看长城，回到家里再决定游览长城的话，那么1000元的机票就要构成看长城的成本了。那么你说说，作为外地人，到了北京要不要看长城？

同样的道理，如果要走很远的路，排很长的队，然后才能参观博物馆或者画展，那么你一定看得仔细，因为从头再来的话，成本太高了。反过来，如果你可以很方便地去看博物馆、画展，那么你一定看得走马观花、不那么仔细，因为可以不费劲地再来再看。如果要交高额的学费才能取得学习机会，那么你一定倍加珍惜，努力学习。因为已经交了学费，你学习的成本就只有因读书放弃的打工收入了。反过来，如果你不好好学习，要从头再学的话，那么你不仅要放弃打工收入，还要加上那高额的学费，代价实在太大了。

极端地说，没有成本，人们做事就不会认真，对什么都不会珍惜。因为总可以没有代价地从头再来。这也是为什么我认为即使是民主人士，也要为其崇高事业付出一定代价的缘故。否则人人都认为其事业崇高（很有可能并不崇高），无须成本就要求实现，那么经济社会就会缺少稳定性。付出必要的代价，就会促使每个人认真检查自己所追求的事业是不是真崇高，值不值得为之付出代价。当然，也不能因此让人们付出太大代价，否则社会就不能进步。

总而言之，如果男人们必须千辛万苦才能把老婆娶回家，那么谁也不敢不珍惜婚姻了。你要让自己有内涵、漂亮迷人，以增加他得到你的收益，但是绝对不能让他轻易就得到你！

2014年6月

多生孩子与多养羊是一回事

高手看世界是简单的。世界纷繁复杂，然而事件背后的道理往往简单。而且正因为世界纷繁复杂，我们用以观察世界的理论反而要简约。科斯讲："经济学能够告诉人们的只是一些简单的原理。"那些抽象而又复杂的理论，不是错误，就是没有用。

简单看世界，就要从纷繁的现象回到一个理论中心，要把不同问题看作相同的问题。

众所周知，资源公有，就会被过度利用。一块草地，如果公有的话，那么我一定要多放一只羊，因为多放一只羊的收益由我独享，然而对于草场造成的伤害由大家分担。大家见我多放一只羊，也会跟着多放一只。而我，毫无疑问更聪明，会多放一群羊的；最终，大家也会跟着多放一群羊。其结果是草场沙化，本来很有价值的一块草地，只是因为公有的缘故，被过度使用，变得寸草不生，这就是经济学著名的租值消散定理。但是，假如你只是能够解释多放羊，却不能解释多生孩子，那么你的理论一般化就不够。其实，多放羊和多生孩子是一回事，中国的人口增长和多放羊背后逻辑是完全相同的。

当年农村人口飞长，人口学家马寅初调侃说：因为农村没有电，农民没有夜生活，吃了饭就上床睡觉，所以人口增长快。据说，这说法遭到了毛泽东的严厉批评。毛泽东批评得"好"啊。我生长在农村，深知为什么农村人口增长那么快。

传统计划经济体制之下，农民分粮一看工分高低，二看家庭人口多少。公粮不能少，人均基本口粮必须提；除去上交国家的公粮和提留的基本口粮，余粮才用来计算工分的分值。由于集体劳动偷懒严重，粮食产量本来就不高，因此单位工分的含粮量很低，家庭粮食多少就主要取决于人口的多少。当年我们家五口人，不管父亲多么勤劳，粮食怎么也赶不上八口之家的隔壁邻居。那时候，上学、就医基本上不要钱，看病只需交一毛的挂号费，上学只需交2至5元的学费，还包含了书本费。想想看，给定这样的准则，为什么不多生孩子呢？一定会多生的。今天的青年没有或者很少有兄弟姐妹，但我这个年龄的人，不但有一大堆兄弟姐妹，更有数不清的堂兄弟、表姐妹。我有22个表兄妹，光是我小姨就生了8个孩子。

不要以为，我们中国人天性就爱生孩子。也不要以为，多子多福就是中华文化的专利。我的看法，我们多子多福的文化倒是一个需要解释的变量。今天中国人口增长下降，其实计划生育政策的作用并没有想象的大，市场化改革才是重要原因。市场以私产为条件，是私有产权使得人们行为的成本和收益内部化。大哥、二哥都要了两个孩子。我问过他们：现在让你们生，你们还生不？他们齐声回答：不生了，不生了，再生也养不起了。

所谓人口泛滥，其实是破坏产权、破坏市场的结果。我生孩子大家养，当然要尽可能地生。不要误会，我不是说人多不好。计划经济下，物不能尽其用，人不能尽其才，确实会出现人多资源环境不能承载的后果。但市场经济下，人多则未必是坏事。市场是一个能够把资源配置到最能发挥其作用的地方的制度。一般来说市场经济下人多不仅不是坏事，反而还是好事。每个人都发挥自己的比较优势，做自己擅长的事情，然后通过市场与他人交换产品和劳务，最终每个人都享受到比单干多得多的产品和劳务。

假如全世界只有一个人购买汽车，那么没有上千万元是买不到汽车的。但几亿人需要汽车的话，几万、十几万元就可以买回一辆汽车。同样道理，餐馆里只有一个人吃饭，饭菜价格一定要贵一些；很多人吃饭，饭菜价格就会便宜不少。需求大，生产方式会改变，最有效率的生产方式就可以被采纳，这其实是节约了资源。自马尔萨斯始一直有人担心资源不能承载人口增加之重，到今天，人口增加何止几十倍，然而人们的生活水平不但没有下降，反而大幅上升，这足以说明他实在是杞人忧天。

市场经济的人口数总是合理的。市场能够配置其他资源，也能够配置人口资源。

2013年10月

拾金不昧应否得到回报?

拾金不昧应否得到回报?我要从亲身经历的一件事来给出答案。

有一次,我从济南飞回沈阳。因为连续两天没有睡好觉,人很是有些恍惚。下了飞机,坐上去市中心的机场大巴,在马路湾下了车,然后便打车回家。到家掏钱给出租车司机付帐时,却发觉钱夹不在了。一下子着急起来,钱虽然不多,但是银行卡、身份证都在里面。

我想起在大巴上买过票,然后把钱夹揣进西服兜里了。假如揣进去了,坐在座位上是不可能掉出来的。我于是拨打114,查询到桃仙机场汽车运输公司的电话。接电话的是他们的调度员(事后获知),他向我询问了是从哪里到沈阳的航班,大概是几点到的马路湾。然后要我10分钟之后再把电话打过去。

10分钟之后,我再打电话过去,调度员要我去一趟他们那里,同时告诉我去的路线。我于是又打车匆匆赶到桃仙机场汽车运输公司。调度员是一位五十岁左右的中年人。我一去他就告诉我钱夹已经找到,但是捡到钱夹的驾驶员还在值班,要我等20分钟。我喜出望外,激动不已,他则一边招呼我坐,一边平静地告诉我,他们每年都捡到很多东西,钱夹、电脑什么都有,同时自信满满地说:放心,只要东西是掉在了大巴车上,就一定能够物归原主的。

大约20分钟之后,捡到我钱夹的驾驶员回来了,这个时候也正是他们收班的时间。是一位叫李红光的小伙子。没有多余的寒暄,一进门,他便直接把钱夹递给我,要我查一查钱少没少、东西丢没丢?还查什么呀,我赶紧掏出钱夹的钱要感谢他。我坚决要给，他坚决不要，边推边向外走。我只好把钱收了回来，送他到楼下，想着到一个没有人的地方，要表示一下自己的心意。在楼梯上，我们再次推拉一阵。他坚持不要，我最终没能表达上心意。

回到调度室，我向调度要李红光的电话。调度不告诉我，只说：你刚才打的电话是我们调度室的电话，有什么事可以跟我们调度室联系。末了，只淡淡一句李红光平时表现就不错。

朋友，银行卡挂失耽误时间不说，单是身份证就够我麻烦的了。我的户口在四川，回去办身份证既费时间又搭钱。而更重要的是，过两天我还有重要事情要去杭州。如果找不到钱夹，我损失的可不只是钱夹里的那一千六百元现金，不算时间和耽误了的事情，另外怎么也得搭进去三四千元钱吧。经济学说覆水难收，意思是，丢了的就不应该再看作是自己所拥有的。那也是说，李红光先生的拾金不昧单是从现金来看就至少给我带来了四五千元的收益。

当然要感谢李红光先生，感谢社会上众多的李红光们，感谢众多的桃仙机场汽车运输公司们。我要向他们致以最崇高的敬意，但是，作为一个经济学者，我不想仅仅停留在感谢的层面。我要问：李红光先生应不应该接受我的感谢呢？他接受了我的感谢就不高尚了吗？

拾金不昧并且不要任何答谢的人无疑是社会的道德典范，应该得到社会最崇高的敬意。但在我看来，拾金不昧又接受失主感谢的同样是道德典范，同样应该得到社会最崇高的敬意。老实说，我觉得拾金不昧者应该接受失主的感谢；失主一定要拿出一定比例的失物，用于酬谢拾金不昧者，而且，这种比例最好成为一种社会规范，成为一种公共信息。即失主如果不对拾金不昧者给予适当的感谢，那才是真正的不道德。

上文说过，覆水难收，丢了的就不应该再看作是自己所拥有的。以我的例子来说，即使我拿出一千六百元感谢李红光先生，他的拾金不昧行为还给我带来至少三四千元的收益。然而现实的情况是，毕竟我们不能指望每一个人都是李红光。假如我遇到的不是李红光，那么我可能就至少要损失三千元了。而这三千元是没有受益人的，很大程度代表了社会净损失。相反，假如我们的社会有个不成文的规矩，即失主一定要拿出一定比例的失物用于感谢拾金不昧者，而拾金不昧者接受感谢仍然是道德典范，那么可以肯定的是，拾金不昧者一定会更多。要知道，与拾金不昧者多起来相伴随的，乃是拾金不昧者和丢失财物者双方都受益的结果。

做好事应该接受回报，这事孔子也是认同的。《吕氏春秋·先识览·察微》记录了子路受人以劝德、子贡谦让而止善的故事。故事的大意是，孔子的弟子子路拯救一位溺水者，被救者送给子路一头牛以示感谢，子路笑纳。孔子对“子路拯溺得牛”事件评论说，鲁国人从此将喜欢救人于危难之中。春秋时鲁国法律规定，鲁国人在国外看见同胞被卖为奴婢，赎回后可以向国家领取赔偿和奖励。孔子的另一个弟子子贡是个有钱商人，他从国外赎回很多鲁国人，却拒绝了国家的赔偿。孔子认为子贡表面上以高尚的善举赢得了更多的赞扬，实际上使更多的鲁国人因羞于领取赔偿而不再赎人，祸及更多落难的鲁国同胞。

道德规范是用来节约交易费用、增进社会福利的。如果一种道德规范不是节约了社会的交易费用，而是增加了社会的交易费用，不是增进了社会的福利水平，而是减少了社会的福利水平，那么这样的道德规范就不是一个好道德规范。做好事就是要有回报。虽然做好事的人可能并不期望有什么回报，但是我们的社会一定要让做好事的人得到应有的回报。

2009年10月

市场决策、民主投票与独裁

在经济生活中，有三种决策模式：市场决策、民主投票和独裁。在多数人的心目中，好市场决策、民主投票，而恶独裁。殊不知，它们各有利弊，适合不同的情况。

市场决策的优点，是永远不会滥用权力。而且市场不仅可以反映代价，还可以促进生产。但是市场决策也不是没有局限——使用市场是有代价的，并且这代价还不低。首先，没有私有产权就没有市场，也就没有真正的市价，而界定和保障私有产权的费用常常是高昂的。其次，即使有了私有产权，也不一定有良好运行的市场。市场要良好运行，还要求交易费用不能太高。这是科斯的《企业的性质》、张五常的《企业的合约本质》给予我们的重要启示。

民主投票最大的经济收益是能节省关于定价的交易费用。但是投票既不能反映代价，又不能促进生产，还可能引起财富的转移，成为减少民权保障的工具。

独裁决策的费用比投票还要低，但是独裁者可能滥用权力。

所以，面对不同的经济环境，市场决策、民主投票和独裁分别可以成为最优的选择。

今天的住宅小区都有一个由业主共同组成的业主委员会。这委员会有规则，有被公选出来的委员及主任。委员会的任务，就是要在清洁、保安及其他有关公众利益的活动上作决策。

以房屋外墙刷涂料的事为例。这是很难任由住户各自处理的。有的住户要刷，有的不要刷；而颜色的选择亦各有不同。若各自为之，大厦将会变成怪物，大家受害。

假如没有交易费用，那么是可以通过市场决策，来决定应否刷涂料以及用什么颜色的。时间的先后，住户单位方向的重要性，颜色的不同喜好，都可以定价，不满者大可以将他应有的否决权作价出售。然而很明显，这样做不只是要在很多琐碎的事情上讨价还价，产生不小的费用；更重要的是，很多人会希望得到免费午餐而不肯真实透露自己所愿意支付的代价。因为议价的交易费用大，所以保养外墙的事便要用民主投票的方式来决定。这方式不一定能带来理想的效果，但既然议价的交易费用太大，与投票相伴随的不理想就不再是不理想了。

进一步讲，民主投票也是有交易费用的。委员会的组成、信息的传达、票式的设计，都是不可忽视的费用。因此，外墙粉刷这样较为重要的事可以采用全体住户公投决定，可是价值比较低的事情，比如电梯的保养次数，往往就授权给业主委员会作决定。委员投票要比所有住户投票的交易费用低，但也比较独裁。更加琐碎的事情，就不妨授权业主委员会主任独裁决策了。

就是说，一些事值得我们用市场去决策，另一些事我们不妨用民主投票去解决，至于那些微不足道的事，用独裁的办法去决策即可。事情的性质不一样，决策方式也应不一样。

交易定理说：产权私有，当事人又拥有自主决策的自由，那么结果就一定是有效率的。如果市场决策、民主投票和独裁是当事人自由选择的结果，那么就都是有效率的。在效率的意义上，三者是等价的——都是约束条件下利益最大化的结果，也都实现了约束条件下的利益最大化。

一个性质相同的例子是家族经营和现代企业制度的问题。

尽管经济学讲得清楚明白：在相同的经济环境中，它们有优劣之分，存在效率差异；在不同的经济环境中，则可能都是最优，但是现实中，还是有很多人在那里胡说八道，说什么家族经营是无效率的，要去帮助那些家族经营的企业进行现代企业制度改造。他们不是把精力用在对于约束条件的考察上，而是成天在那里大呼小叫，这也无效率，那也无效率。可是诚如张五常教授所说："既然我们假定人人都在追求利益最大化，怎么有那么多的无效率呢？"

我们认为无效率，其实只是因为我们对于约束条件还不了解。

说到这里，我不能不提及"囚徒困境"。

"囚徒困境"说个人理性与集体理性有冲突。然而所谓的个人理性与集体理性的冲突，其实不过是经济学者想当然的产物。他们完全忘记了当事人所面临的约束条件。在这里，信息是阻隔的，又是一次性博弈、一锤子买卖。在这样的约束下，"大家都坦白"已经是最好的结果了，又何来大家都不坦白的结果呢？如果约束条件改变了，当事人自然要选择"大家都不坦白"，这是无须经济学者操心的事。事实上，如果博弈可以重复进行下去，那么个人理性与集体理性的冲突将不复存在，"大家都不坦白"就成了当然的选择。即使博弈不能重复进行，只要当事人之间信息不是阻隔的，"大家都不坦白"也是必然的选择。

所以，警察审犯罪嫌疑人的时候，从来都是隔离审查。警察对于导致坦白结果的约束条件是拿捏得很准的。中纪委把马向东的案子弄到江苏去审，就是要避免当事人之间串供的可能性。中纪委深深体会到了，如果串供，当事人是不会坦白的，案子就审不下去了。中纪委对于导致坦白结果的约束条件也是拿捏得很准的。我们的经济学者对待事实怎可以总是漫不经心呢？！

让我们重温张教授的名言吧："考虑了所有的局限条件，经济总是有效率的。"

经济总是有效率的。这当然不是说行为和结果就没有差异，世界就不会有变化和发展，而是说在根本上，差异源于约束条件，变化和发展是从约束条件开始的。这也是说，不同约束条件下的行为和结果是不可以简单作比较的：我们不可以简单地拿垄断情况下的结果与完全竞争情况下的结果作比较，然后得出垄断是无效率的结论；我们也不可以简单地拿家族经营下的结果与现代企业制度下的结果作比较，然后得出家族经营是无效率的结论。

你不满意家族经营，可以，你应该把精力用于加强法制建设，降低市场运行的交易费用。你不满意贪污腐败，可以，但空洞的说教没有意义，工夫要下在制度建设上。难道不是吗？

我不是为独裁唱赞歌，但我们一定要清楚什么样的独裁才是应该反对的，一定要清楚应该怎样去反对要反对的东西。我也没有讲市场决策和民主投票就不好了，而是说市场决策和民主投票也是有条件和有代价的，并不是普遍适用的。全部问题的关键，在于私有产权和自由。产权私有而又拥有自由，结果总是有效率。

2003年7月

从飞机晚点看为何要改革产权

从浦东机场飞沈阳，飞机再一次晚点。

早已习惯飞机晚点了，但还是第一次遇到在跑道边等飞机降落的事。连续等了三架航班降落，然后另一架比我们晚出发的飞机起飞后，我们坐的才起飞。

我好奇：晚出发的飞机为什么反而可以早飞呢？

我更好奇：为什么起飞和降落的飞机共用一个跑道？如果是小机场，起飞和降落共用一个跑道好理解，因为很可能只有一个跑道。可是，这是上海浦东国际机场啊。

仅凭直觉，也应该是起飞降落跑道分开效率更高。我并不怀疑我们的机场也是这样安排的。我怀疑的是，我们的机场会经常以这样那样的理由，包括让飞机在起飞跑道上降落来制造排队起飞的局面。不然，无法解释为什么国外飞机很少晚点，然而国内不晚点似乎都“不正常”了。繁忙肯定不是理由，因为你不能说你比伦敦希思罗机场、纽约机场、洛杉矶机场还繁忙吧。

公有机场具有制造排队起飞的激励。道理不难理解：本来减少排队有利于增加机场利润，可是这个利润不是董事长、总经理的呀。他们关心的是自己的“利润”。怎么增加自己的“利润”呢？制造排队起飞。唯有如此，各航空公司才会纷纷来要求“照顾”，这样才会有增加自己“利润”的机会。这下，你应该明白为什么晚出发的飞机反而可以早起飞了吧。

所有的公有制企业，都会以这样那样的方式，制造“排队起飞”的。

银行的董事长、主管者会把利率定在低于市场均衡的水平。不然，谁还会求他们呢？兆基铜业日前“自曝”一份向银行的送礼清单。其中包括某行长乔迁送礼、某行长住院送礼等，5年间共计送出972万。送礼对象多为华融湘江银行与某国有银行当地分行。结果是该企业宣布破产前10天，还新获了一笔高达1700万的贷款。

我们天天讲利率市场化，殊不知，公有银行是不可能真正利率市场化的。

见过给国有企业老总送礼的，见过给私有企业老板送礼的吗？利润是你的，你会牺牲利润来获取红包？那脑袋得灌水到什么程度！我们坚持反腐败，这是对的，可是反腐败更有效的办法是减少政府干预和国有经济的比重。

我们天天讲创新，殊不知，公有经济占支配地位，国家是不可能有创新能力的。如果我是国有企业的老总，我不会采购质量最好的产品。无他，因为企业利润好跟我关系不大，我得吃回扣才能最大化自己的收入。可是企业给了回扣，抽了油，其产品怎么还能做到质量最好呢，又何须做到最好？这就是为什么公共部门建设的道路、桥梁、广场等建筑总是短命脆弱的原因，这也是为什么国有企业集国家之巨大财力，仍然不能创造出一流产品的原因。

不要跟我讲什么计划体制下我们卫星上天，原子弹、氢弹成功爆炸的故事。那是在没有成本约束的情况下倾举国之力的结果，而且还是在别人成功的基础上的模仿。苏联可以造出巨型计算机，但就是造不出PC机，因为后者要求质量给定，成本最小，或者成本给定，质量最优。放开进入限制，历史上找不到成功运作的国有企业，当今其他国家也没有成功的国有企业，凭什么我们就能有？不要被假象迷惑，我们看到的500强国有企业，那并非是国有企业的成功，而是行政垄断的“成功”。不信，你放开让谁都可以卖油、开银行试试。

无论是农村的家庭联产承包责任制，还是城市的利润留成、利润包干、经理人员持股和股票期权，本质上都是对于私产的承认。联产承包责任制不是百分之百意义上的私有制，然而是在向私有产权靠近。城市的利润留成、利润包干、经理人员持股和股票期权，不是百分之百意义上的私有产权，但也是在向私有产权靠近。中国只是向私有产权靠近了一点，经济就表现出了巨大的活力。中国要进一步发展经济，改善民生，就必须进一步改革产权。

2013年10月

浙江经济与西湖边的低成本

某天陪同学游西湖。我们从望湖宾馆出来，就有人上前拉我们乘车游。谈好的路线是：从望湖宾馆出发，经六和塔，到龙井，再到灵隐寺，然后回到离灵隐寺较近的西湖某个地点。时间4个小时。约定行程结束再给钱。我请读者朋友猜一猜价格。我赌大家猜不着。

100块钱。不要以为一定是台破车，那是一台崭新的别克商务车。对方似乎知道我们也会这样想，所以谈价的时候就把车指给我们看。要知道，在杭州打车是很贵的。我们一行四个人，这么走一圈才100块钱。你不相信吧，我也不相信。所以当车开过来，知道刚才谈价的人并不是带我们旅游的车主时，特地要求前者把路线和价格跟司机交代清楚。是的，这事的确就发生在杭州的西湖边。

上了车，我还是不能理解这事。于是问司机，这个买卖你们怎么做得下来？司机答得干脆：你们去六和塔，比如定好游四十分钟，这四十分钟我不会在那里等着你们吧。司机的回答解除了我的一部分疑虑，但还是不能消除我的全部疑虑。总不能低于出租车的价格呀？出于对这事的好奇，我与司机拉起了家常，最终我们总算弄清了细节和秘密。

那个在望湖宾馆拉我们乘车游的人，在离西湖不远的地方有一个自家的旅馆。他在望湖宾馆，一是为自家旅馆招揽客人，二是为客运商做中介。而开车带我们去游览的这位司机，他不仅仅是拉一拉客人、跑一跑运输，按照他的说法，他能区分客人的类型，那些不住望湖宾馆的客人，他就可以把他们介绍给前者所开的私人旅馆。我忘了问他们彼此是怎样结算的，也忘了问他和多少人有这样的业务往来。不过已经不需要了。清清楚楚，这不是偶然的、个别的现象，而是存在一个分工细致的巨大市场。没有细致的分工，怎么敢保证我们在某处景点游玩的四五十分钟时间里他可以再做一笔?

分工细，专业化协调程度高，这是低成本的关键之一。而浙江人将专业分工做到如此极致，令我这个刚来杭州四个月的经济学人不能不叹为观止。低成本的关键之二则在于这些浙江人，他们一事两做，这使他们做其中任何一件事情的机会成本都大大降低了。

我也去过其他旅游景点。为什么其他地方没有这样的专业化分工和一事两做？没有这样的低成本？我的答案是：因为别的地方没有这样的市场厚度，看西湖景区人流如潮便能知其一二。

西湖边的低成本无疑得益于西湖之美。“欲把西湖比西子，淡妆浓抹总相宜。”谁不希望在有生之年一睹西湖风采呢！但是美丽风景并不只是西湖独有。西湖边的低成本还得益于西湖位于杭州市内。这一点对于西湖经济的市场厚度有重要影响。但是美甲天下的城市胜景也不是西湖一家。这就涉及我要讲的政府和人的问题了。西湖的每一个细处都建得精致耐看，哪怕是地上的小石块，也都铺放得错落有致、美轮美奂。这是政府的功劳。西湖景区向公众免费开放，这对于决定西湖经济的市场厚度更是至关重要。

在杭州，交通管制严格是来过杭州的人都知晓的；在西湖景区，交通管制严格又是杭州人都知晓的。在西湖大道，因为违章变道，我被警察叫停。但因为我是外地车，认错态度又好，只是警告就完事了。在别的地方，向来是外地人挨宰，但在杭州西湖，因为外地车，反而得到了照顾。这不是小事，点点滴滴，反映的都是降低人们消费价格的做法。

是的，归根结底，市场厚度是人做出来的。

整个浙江经济，都是靠薄利多销，把市场做厚来取胜的。我这个人，看高新技术成果不容易被欢欣鼓舞。“神七”上天，我不兴奋；高铁世界第一，我淡然视之。当年卫星上天是兴奋过一阵子的，因为据说卫星是唱着东方红飞过天空的，但那时毕竟是小孩。然而，当看到中国人可以用200块的价格做出2000块的世界名牌皮包，而且可以以假乱真，就兴奋不已；见到100块钱可以经历4小时，旅游五六个西湖景点，就兴奋不已；见到在西湖边50块钱可以在一个装修很好的餐馆饱餐一顿，就兴奋不已。同学说，你看现在的餐馆装修多好。我则说，装修好不难；装修好的餐馆多得是，但是装修如此好，又是在地价如此高的西湖边，做出如此价廉物美的饭菜却还能赢利，才是真正的奇迹。

没有垄断，只有高度竞争；把利润做到净，然后做出盈利来。这大概就是浙江经济了。

2011年9月

西红柿何以烂在地里

2005年，美国佛罗里达州有2700万公斤西红柿烂在地里。许多种植者让大量西红柿烂在地里，而不是花钱雇工人来采摘。这是因为市场价格太低，与其花费采摘和运输费用，还不如让它烂在地里吗？然而该州水果蔬菜协会表示，尽管西红柿供应充足，价格却没有下降。超市的西红柿价格已经涨到了每磅4美元。西红柿价格是由不久前的飓风给推上去的。飓风前，西红柿的市场价格只是每磅1.49美元。飓风后，尽管种植者卖不出去，西红柿的价格还是没有回落。为什么在佛州的市场上，西红柿价格降不下来呢？

魏睿解释说是因为信息费用的缘故：调价之前需要知道下调多少，而寻觅价格是要支付信息费用的，因而销售商理性的选择是不降价。她解释西红柿种植者之所以选择让大量西红柿烂在地里，也是因为信息费用的缘故：如果种植者可以免费获得消费者的需求信息，明确知道有多少消费西红柿的需求，他们居住何方，愿意接受的价格分别是多少，相应的运费又是多少，那么西红柿烂在地里的现象也许就不会发生了。

就后面一点来讲，她的解释在事前才是成立的，也就是在西红柿还没种下的情况下才是成立的。但现在说的是西红柿已经种下了，并且成熟地挂在枝头等待采摘的情况。就算西红柿种植者可以免费知道一切，但市场已经供过于求，消费者愿意出的价格甚至不能补偿采摘和运输的费用。此情此景，怎么办？还不如烂在地里算了。在事后来讲，种植者选择西红柿烂在地里，可行的解释只能是因为价格太低，抵不上采摘和运输的费用，于是宁可让它烂在地里。可以想象，在供过于求的行情之下，种植者间的竞争一定是将价格压到了最低。

就前面一点来讲，价格是由低向高涨上去的，销售商同时经历了高价、低价两个阶段，应该清楚两种价格下各自的总收入。如果高价下的总收入小于低价下的总收入，那么飓风过后，当进货成本降下来的时候，自然就要选择降价；如果高价下的总收入大于低价下的总收入，那么不管进货成本怎样，都要选择不降价。就是说，超市等西红柿销售商在进货成本下降的情况下选择不降价乃是因为西红柿需求缺乏弹性的缘故，而不是因为信息费用的困难。

问题在于，西红柿销售商之间没有竞争吗？这竞争不会使销售商所面临的个人需求曲线富有弹性起来？答案是，现实世界销售商之间是存在差异的，搜寻成本又是重要约束，这降低了销售商之间的竞争，降低了他们所面临的个人需求曲线的弹性。更为重要的是，经济发展，收入提高，从而西红柿支出占总收入的比重大大下降了。西红柿支出只占总收入很小的比重，价格涨跌就不大影响购买行为，因此西红柿的需求价格弹性就低。这一点，从艰苦年代走过来的居家过日子的我这一代人深有体会：收入水平低的时候，我们十分在意蔬菜水果的价格，因为那已经是一笔不小的支出；今天收入水平提高了，我们就不是很在意蔬菜水果的价格，而是更关注于品质、花样和安全了。给定由销售商差异、搜寻成本等决定了的竞争程度，支出占总收入的比重愈是小，需求的价格弹性就愈是低。

问题还在于，如果提价能够增加总收入，那么销售商们为什么不自行提价，而要等飓风来提价呢？答案是，这倒可能与信息费用有关。涨价之前，市场并不存在供求紧张状况，就算西红柿销售商清楚西红柿市场需求曲线缺乏弹性，但在竞争条件下，他们怎么知道他们所面临的个人需求曲线也是缺乏弹性的呢？西红柿销售商们不知涨价能增加他们的总收入。飓风使西红柿供不应求，推动价格涨了上去，使得销售商们观察到价格上涨不是减少了，而是增加了他们的总收入，从而认识到他们自身所面临的个人需求曲线也是缺乏弹性的。

历史上，发生过把牛奶倒进大海的事件，其中道理一样：在每个人每天已经喝上半斤牛奶的情况下，就是不要钱白送，又能多卖多少牛奶呢？不如倒进大海，反倒可以减少损失。

这是我的解释。科学的解释要有可验证的含义。在这里来说，随着经济发展，收入水平提高，食品支出占总收入的比重下降，食品的相对价格就要上升。发达国家食品的相对价格是不是高于发展中国家呢？这是已经得到检验的了。科学的解释还要有推演未观察到的或者不易观察到的因果关系的可能。在这里来说，发达国家食品相对价格上升可不是因为生产成本上升或者收入提高需求增加的缘故，而是因为随着经济发展，收入水平提高，食品支出占总收入的比重下降，食品的需求价格弹性降低了。

2005年5月

顾客散布不满意的行为逻辑

美国白宫消费者事务办公室1985年提供的一份研究数据显示：（1）企业一般只能听到4%的不满意顾客的抱怨，另外96%的不满意顾客则选择默默离去，其中91%的不满意顾客日后绝不再上门光顾。（2）满意的顾客最多只会把他的满意告诉3个人，而一个不满意的顾客则会把他的不满意告诉9个人，其中13%的不满意顾客还会告诉20个人之多。（3）企业若给顾客满意的印象，90%的顾客会再度光临；若当场解决顾客的抱怨，95%的不满意顾客愿再度上门。（4）顾客的抱怨被圆满处理后，他会把满意情况再告诉5个人。

这份研究经过众人口口相传，某些具体数字难免有些走样，不过其揭示的现象基本上还是可信的。现象之一，大多数顾客在购物中遇到不满意的经历后，并不会向商家抱怨，更少向消费者协会投诉，而是一走了之，另投他家。现象之二，大多数顾客似乎更愿意将不满意的经历而不是将满意的经历告诉他人。现象之三，及时处理顾客的抱怨会在一定程度上留住顾客，挽回企业声誉。

在这三个现象中，第一个和第三个容易理解，但第二个就有点令人费解。为什么顾客更愿意对外散布不满意的信息呢?

徐兆铭、乔云霞解释说散布不满意是顾客独特的知识交换合约。在日常交谈中，人们一方面向别人散布消息，同时也从别人那里获得消息；散布出去的常常是别人感兴趣的消息，而收回来的则是我们自己感兴趣的消息。由于小概率事件难以预期，或者说预测成本高，人们彼此需要的是小概率事件的信息。在买方市场条件下，顾客对商家服务质量不满意是小概率事件，于是顾客更愿意对外散布不满意的信息。

陈祝平解释说散布不满意是顾客约束商家的一种方式。顾客有两种方式约束商家的机会主义行为。一种是法律意义的揭露，顾客向第三方中介仲裁机构或执法机构（如消费者协会、工商行政管理局、质量监督局、司法机构）进行法律意义上的投诉，并由此揭露商家的真实情况。另一种是社会舆论意义上的披露，即利用传媒和人际传播，通过散布不满意来揭露商家的真实情况。由于法律意义的揭露只适用于商家的违法行为，且揭露成本比较高，大多数顾客会以散布不满意的方式来揭露商家的真实情况。

徐兆铭、乔云霞借用的是朱锡庆的电台案例及其解释。该案例说的是一家经营路况资讯的电台，一贯以报道城市中被堵路段的信息而广受路上驾车的司机们的欢迎。但是当城区中心地带同时有多条道路进行改扩建施工、路网出现了无处不在的堵塞现象时，电台原本收听率很高的“拥堵路况信息”没有人听了。后来经人提点，电台改播城市中畅通路段的信息，收听率戏剧性地恢复了从前的水平。对于这个案例，朱锡庆解释说：在正常情况下，路网中个别路段发生堵塞是小概率事件，司机难以预料，通过收听广播可以及时获得这类信息，绕过被堵路段，节约行车成本。但是在路网大规模改造的情况下，路网中任何一段发生堵塞已是大概率事件，是司机们可以预期的。这时候反而是某一路段不发生堵塞成了难以预期的小概率事件，司机们收听这类信息可以节约行车成本。结论是，人们真正需要的是那些不容易预期、又能帮助人们增进收益或者节约成本的信息。

实在地讲，朱锡庆的解释不仅别致，也富于启发，徐兆铭、乔云霞借用过来解释为何顾客更愿意对外散布不满意信息也是别致的。但是，电台案例与顾客散布不满意两者之间在细节上存在重要差异，徐、乔二人显然是忽略了。对于电台，收听率越高，电台越能拉到广告，所以司机们愿意听什么，电台就播什么。但是在人们的日常交谈中，顾客散布不满意的报酬是什么呢？我们当然可以像徐兆铭、乔云霞那样，视人们的日常交谈为一种以信息交换为特征的双向交流。问题是，顾客在向特定的对象散布不满意的时候，他是不可能期望从对方那里获得相应的有用信息作为报酬的，毕竟这里存在物物交换“经常出现的情况不是双方在需要上的巧合，而是双方对巧合的需要”的困难。这也是说，顾客在向特定的对象散布不满意的时候，他做的其实是没有回报的事情。

但理性的个人怎么会做出没有回报的事情呢？所以很可能，顾客在做这样的事情的时候，也是没有成本的。的确，在散布不满意时，顾客很多时候只是张口之劳，是不耽误任何事情的。按照湖北人的说法，就是“下雨天打孩子（鞋子），闲着也是闲着”。

然而的确有例外，而且生活中这样的“例外”似乎还不少：今天被人欺负了，过两天找人去报复回来；丈夫偶然失足，妻子就算不离婚，也是要大闹一场，不肯轻易原谅的；拉登炸了世贸大厦，然后美国就必要将其消灭……我们能说这些行为是没有成本的吗？

大家知道，覆水难收，历史成本不是成本，因此理性的经济人似乎不应该计较于已经发生、不可改变的事实。严格来讲，由于经历的不满意已经发生了，就算我们现在到处散布不满意，又于事何补呢？但我们都曾有过这样的心理：就算于事无补，我们还是要抱怨。岂有此理，你不让我好，我也不能让你舒服；这事不能以德报怨。

是的，这样的想法似乎的确与经济学的基本理念相违背。

但天底下怎会有那么多的行为与经济学的基本理念相违背呢？

原来这只是就一时、一事看问题才有的困惑。人不是这事完了，生命就结束了。如果我们在这件事情上软弱，不做反抗，那么就传递了自己软弱的信号，别人欺负我们的预期成本就变得低廉起来，而我们再次被人欺负的可能性也就大大增加了。为了以后不吃亏，我们就不能计较一时的利弊得失，甚至要做出鱼死网破的姿态。这在长期可能恰恰是一种占优策略。

长到什么时间呢？从人类亿万年的进化历程来看，这是无限期的博弈了。在这个无限期的博弈过程中，一时的不计成本，甚至于不顾及生命危险，反而可能是理性的。

在人类亿万年的进化历程中，最大的理性就是基因能够延续。可以设想，大自然已经在我们的基因中进化出了针锋相对、以牙还牙的因子。这已经变成了我们的一部分本能。我们的父母，为了救活自己的孩子，不惜献出自己身体的重要器官，这是本能。非洲大草原上，动物母亲为了保护幼子，凛然面对猎食动物的围攻，这也是本能。我们遇到不满意，就算将来我们再也不与其发生任何关系，完全是一次性博弈，我们还是要对外散布自己遭遇的不满意。唯如此，我们的被基因控制着的内心才会获得些许的慰籍。

这样看来，真的如陈祝平所解释的，散布不满意是顾客约束商家的一种方式。

2008年9月

还是要有有闲阶层好

端午节是诗人的节日。尽管我的专业是经济学，但是名字中有个“诗”字，为了“名副其实”，还是愿意附庸风雅。于是选择这个特殊日子游览西湖，倒也平添了几分浪漫和雅趣。

少年时就读过苏东坡的诗句：“欲把西湖比西子，淡妆浓抹总相宜。”西湖的美丽一直镶嵌在我的脑海里，只是这么多年没有身临其境的机会。

读过苏东坡诗句的非我一人，假日游西湖的自然也就熙熙攘攘。出租车司机善意建言：“假日西湖人多，不如去游宋城。北有长城，南有宋城。宋城更值得一看，而且不那么堵车。”但我喜欢美女，喜欢爱情故事，是一定要先睹苏学士心中的西子为快的。于是告诉司机，不用把我拉到，到近处我下来就可以了。他哪里知道，我虽人在路上，心却早已飞到西湖了。

终于到了西湖。我没有请导游，坚持独自漫游。被引导和被解说的景物还有味道么？

我漫步走上断桥，凝想一会儿白娘子；踱过白堤，默诵两句“乱花渐欲迷人眼，浅草才能没马蹄”。在轻抚过苏堤上柔软的柳丝后，登上轻舟驶往小瀛洲。手扶船舷遥望三潭印月，不禁发出感叹：“上有天堂，下有苏杭。果然如此！”

小瀛洲人流更多，看来人们都知道哪儿才是最美。在一处景点前，穿制服的女孩看见小孩过来就吹响鸟笛，报价叫卖。几乎每一个走过来的小孩都被其吸引，要买上一个。有个很小很小的女孩，父母给她买了一个。小女孩含在嘴里，其实是没有能力吹响的，但也踏着脚在那里欢实地高兴。我良久凝视眼前这一切，弄得卖鸟笛的女孩也不得不对我回眸一笑。

在红日偏西的时候，我登上雷峰塔。伫立半山，眺望西湖的浩淼烟波，倍觉西湖之美是变化多端的，近观有细致之美，远望有磅礴之势。角度不同，感觉各异。

“未曾抛却杭州去，一半勾留是此湖。”我虽写不出诗句，却也领略了诗意的温馨。

也许世间缺少完美。温馨浪漫之余，我也觉得今天的西湖多了些喧闹，少了些静谧。我以为，美女是需要有处子之静的。我无法想象，白娘子和许仙在喧嚣的人潮中，怎么悠然地相视一笑、一见倾心。钢筋水泥虽然使重建的雷峰塔显得更加雄伟，光可鉴人的地砖也确实干净美观，但却丧失了那份原有的古朴和真挚。那不停升降的电梯，让人误以为走进了现代商场，与深情款款的回眸相望和扭头驻足的意味深长缺少应有的和谐，显得有些不伦不类。

不能简单说这一切都是不好。要让百姓大众都能分享西湖美景，是不能不承担喧闹代价的。不实行市场经济，有些历史景观可能保护不起；而市场经济气息太浓，又使历史文化难免变味。如何破解这道难题，的确考验着城市管理者的智慧。

有时我想，我们真要感谢那个生产力不发达的农业社会。可以想象，那时绝大多数人忙于生计而无暇逛景，只有少数文人墨客和商贾政要才有机会游览西湖，西湖因而不可能像今天这样喧闹。心旷神怡才有故事，于是苏东坡才会有将西湖当作西子的妙喻，而白娘子和许仙也才有相遇断桥，成就那一段千古爱情的可能。有人说，是因为西湖太美而成就了苏学士的千古诗句，也有人说因为有苏学士的千古诗句，人们才潮涌般奔向西湖。而我觉得，两者是互相作用，相得益彰的。西湖固然美丽，然而，被苏学士赞叹后更加绽放光彩也是事实。不遇才子的佳人自然也是美丽的，然而终究有几分落莫；而遇到了才子的佳人，才会将那份心里的幸福叠加在美丽的容颜上，那才是真正的美丽。

我是主张要有有闲阶层的。一个有有闲阶层的社会，才是一个有闲情逸致和高雅情趣的社会。我们不得不承认，今人所做的一切，都没有古人所做的有个性和有风格。这与我们曾经消灭有产者和有闲阶层有关系，当然也与工业化和现代化有关系。大规模生产的低成本，意味着个性化生产的高成本。即使需求不变，讲究个性和风格的艺术和文化的均衡数量一定是减少的。不过大规模生产的优势反过来又会使其容易进入收益递减阶段。当此时，讲究个性和风格的艺术和文化就会重新多起来。伴随经济发展，文化和艺术最终是会更加繁荣的。

2010年5月

做个有信仰的动物

经济学有个重要的边际效用递减规律，意思是，吃第一个包子的时候，你觉得它很美味，吃第二个的时候，你会觉得它不如第一个美味了，不停地吃下去，多吃一口给你带来的满足感会越来越少，吃到第十个的时候，很有可能你会难受起来。

边际效用递减，因此一种东西多了，就不稀罕了。这意味着人都喜欢多样化，稀罕自己所没有的。这就是人性，叫花心也行。总之，人们不但要事业，还要爱情；既喜欢温柔贤惠的，也喜欢泼辣风骚的；见惯了丰满的，又会对苗条的感兴趣起来。大学毕业给同学留言，你不会只写一句“祝你事业成功”，也不会只写一句“祝你爱情甜美”，这都不叫祝福，而是要写上“祝你事业成功，爱情甜美！”这才符合人性，也才是祝福。

“婚姻是爱情的坟墓”，说的也是边际效用递减。如果我们承认边际效用是递减的，那么我们就应该“婚前睁大眼睛，婚后则睁一只眼，闭一只眼”。演员徐帆说得好：“男人是小狗，出去溜达溜达，撒泡尿，还会回来的。”的确，小狗喜欢到外面溜达。只是我无从知道，徐帆是因为学习了经济学，还是因为冯小刚同学的身体力行教她懂得这个道理的。

可惜我们有些做妻子的不懂得这个道理。丈夫不过就是出了个轨，就要闹到离婚的地步。可是离了婚又怎样呢？难道第二个丈夫就不是男人了？难道第二个丈夫就不受边际效用递减规律的约束了？还是男人嘛！还要受到边际效用递减规律的约束嘛！无非是骗术高一点，又或者是荷尔蒙水平下降了！婚姻是一门艺术，可能真的要懂得一点边际效用递减规律啊！

边际效用递减规律在股票投资中同样具有极其重要的应用。大家知道，做股票要设止损点和止盈点。这个止损点和止盈点是不对称的。一般来说，止盈点幅度相对大一点，止损点则相对小一些，因为根据边际效用递减规律，赚的1块钱的价值小于赔的1块钱的价值。可是我们很多人，输得起，却赢不起，买了股票，一旦被套，他就不管了，非等到自然解套是不会出来的；反过来，赚了一点钱，就迫不及待卖了套现。殊不知这样做，即使从钱数上看没有赔，实际上也是赔了的。既然赚的1块钱的价值小于赔掉的1块钱，人们在设置止损点和止盈点的时候，就不会对称设置。人们都这样做，你却反其道而行之，那么必然会出现下跌你卖晚了，上涨你又卖早了的情况。我自己做股票，跌5%，我就要考虑止损了，而不涨10%，一般我不会轻易卖股票的。当然我也要强调，要依据形势而定，不能教条化。

我们很多企业家朋友，也是不懂得这个道理。没有钱的时候，他喜欢以小博大，冒风险，但是当他已经很有钱了的时候，还是喜欢以小博大，不注意规避风险。看看那些跳楼跑路的，无不是冒险有余，风控不足。你已经很有钱了，为什么还要去博最后一个铜板呢？

我们很多官员，同样不懂得这个道理，贪得无厌，没有够。你贪污几百万、几千万，我都能理解。一个亿，我也能理解。几个亿、几十个亿、上百亿，我真的就不能理解了。要那么多的钱干嘛呢？！有些人，靠侵犯他人发了财，按理来说，他应该有积极性推动体制变革，保障权利，保障包括他自己在内的每一个人的权利，可是他们偏偏不。黑社会尚且知道赚足了第一桶金后要金盆洗手，洗白自己。可是他们却贪得无厌，还要维护旧体制，希望继续侵犯他人发自己的横财。波尔布特、齐奥塞斯库不懂得这个道理，萨达姆、卡扎菲也不懂得这个道理，结果连小命都不保。他们总相信自己运气好，会是例外。萨达姆、卡扎菲相信自己不是波尔布特、齐奥塞斯库，有些人则相信自己不是萨达姆、卡扎菲！

摆脱边际效用递减规律制约，办法是有信仰。一切肉体的享受都要面临边际效用递减规律的约束，但是精神享受却可以例外。所以人一定要有精神追求。人应该是有信仰的动物！

2014年12月